Der arme Hölderlin

Gerhard Wolf

Der arme Hölderlin

Deutsche Verlags-Anstalt

Abweichungen von der Duden-Rechtschreibung
entsprechen den Absichten des Verfassers

Mit 8 Abbildungen nach zeitgenössischen Silhouetten

Gestaltung: Hans-Joachim Walch
Mit Genehmigung des Union Verlages, Berlin
2. Auflage 1977 Deutsche Verlags-Anstalt GmbH Stuttgart

Satz: Druckwerkstätten Stollberg (VOB)
Druck und Bindearbeiten: Beltz Offsetdruck, Hemsbach
Printed in Germany
ISBN 3 421 01716 6

Es ist eine unermeßliche Kluft zwischen ihm und der ganzen Menschheit.

Wilhelm Waiblinger 1827

Hölderlin erwies sich als Sprachrohr jenes zahlenmäßig nur geringen Teils der deutschen Jugend, die auf ihrem phantastischen Posten sterben sollte, da sie keine Möglichkeit der Anpassung an jenes bürgerliche Deutschland fand, das sich in der napoleonischen Ära gebildet hatte …

Selbst völlig normale Menschen werden unter so schwierigen Verhältnissen krank …

Sie gehen unter, singen dabei jedoch herrliche Lieder über ihren Untergang und markieren damit den weiten Abstand zwischen den fortschrittlichen Schichten der Gesellschaft und der Wirklichkeit.

Anatoli Lunatscharski 1929

Viele versuchten umsonst das Freudigste
freudig zu sagen,
Hier spricht endlich es mir, hier in der Trauer
sich aus.

Hölderlin

I

Wir steigen enge Steintreppen hinab zum Neckar und treffen da einen beschränkten Straßenwinkel an, zu dem ein ordentlich gebautes Haus den Hintergrund bildet. Die vor der Tür aufgestellten Tischlergerätschaften zeigen: wir sind an unserer Stelle.
Im Haus steigen wir eine Treppe hinauf. Ein wunderhübsches Mädchen tritt uns entgegen, die Tochter des Tischlers. Wir fragen sie nach dem Zimmer des Herrn Bibliothekars und kommen auf eine kleine Tür zu. Schon hört man drinnen reden, man glaubt, eine Gesellschaft sei da. Der brave Tischler aber sagt, er sei ganz allein und rede Tag und Nacht mit sich selbst.
Wir klopfen an und ein heftiges und lautes: Herein! antwortet. Die geöffnete Tür zeigt uns ein kleines, geweißtes, amphitheatralisches Zimmer, ohne allen Schmuck, worin ein Mann steht, der sich aufs Tiefste verbeugt und nicht aufhören will Phrasen und Komplimente zu machen: Eure Königliche Hoheit! Eure Heiligkeit! Gnädiger Herr Pater! undsofort. Er lehnt seine rechte Hand auf einen an der Tür stehenden Kasten, die linke läßt er in der Hosentasche stecken, ein verschwitztes Hemd hängt ihm über den Leib.

Das Mädchen flüstert: Der ists.
Wir sagen, verwirrt, einige einleitende Worte, die mit den verbindlichsten Verbeugungen und einem Widerschwall von Worten empfangen werden, teils unverständlich und mit Französisch durchworfen.
Ich, mein Herr, bin nicht mehr von demselben Namen. Ich heiße Killalusimeno. Oui, Eure Majestät: Sie sagen so, Sie behaupten so. Es geschieht mir nichts! Es geschieht mir nichts!
Mit seinem noch immer geistvollen Auge sieht er uns an.

2

Der arme Hölderlin, sagt der dichtende Herr Hofrat Gerning, ist nun Bibliothekar bei Hofe, aber ein armer Schlucker und trübsinnig.

Jeder Mensch hat doch seine Freude, und wer kann sie ganz verschmähen?

Machen Sie es nicht zu moralisch, Euer Gnaden, sagt Hölderlin, und reicht dem Hofrat höflich das Blatt zurück, sonst sei der Einfall zu einem Gedicht über die Heilquellen im Taunus durchaus zu loben.

Spricht da ein kranker oder gesunder Geist aus ihm?

Die Leute sagen, er redet vor sich hin, auf der Straße, auf den Wegen um die Stadt, wo er sich sehen läßt, was selten geschieht. Er ist mit sich im Gange, sieht und hört nicht, vernachlässigt sein Äußeres bis zum Ekelhaften; man bleibt stehen, wenn er kommt. Er bemerkt das, stutzt, wird böse. Man wartet schon darauf. Die Kinder laufen ihm nach, rufen auch hinterher. Das macht ihn wütend. Er bringt die Leute von Homburg gegen sich auf. Er, nicht die anrückenden Franzosen, ist Stadtgespräch.

Er wohnt jetzt beim Sattlermeister Lattner, eine wakkere Familie, gute Menschen, die ihre Pflicht gewissenhaft erfüllen, die ihn achten, wenn schon nicht verstehen. Die nur der Lärm stört, den er auf dem Klaviere macht, immer das gleiche Motiv, und das manchmal für Stunden und auf die Tasten schlagend wie mit Fäusten, das unschuldige Instrument.

Weißt du, woran es liegt? Die Menschen fürchten sich voreinander, und darum gönnen sie sich wohl Speise und Trank, aber nichts, was die Seele nährt, und können es nicht leiden, wenn etwas, was sie sagen und tun, in andern in Flammen verwandelt wird.

Mit wem spricht er da?

Täglich muß ich die verschwundene Gottheit wieder rufen. Wenn ich an große Männer denke in großen Zeiten, wie sie, ein heilig Feuer, um sich griffen, das Stroh der Welt in Flammen verwandelten. Und dann ich – wie ich, ein glimmend Lämpchen, umhergehe und betteln möchte um einen Tropfen Öl, um eine Weile noch die Nacht hindurch zu scheinen – da geht ein Schauer mir durch alle Glieder, ruf ich das Schreckenswort: lebendig Toter!

Einen lyrischen Menschen nennt ihn der Hofrat, immer halb verrückt und beschäftigt mit den alten Griechen, Graecomane, zackert am Pindar herum. Lebt in einer ganz anderen Welt.

> Anfängerin großer Tugend, Königin Wahrheit,
> daß du nicht stoßest
> mein Denken an rauhe Lüge.

Solche Worte.

Und er erklärt sich: Furcht vor der Wahrheit, aus Wohlgefallen an ihr – Euer Gnaden – nämlich das erste lebendige Auffassen derselben im lebendigen Sinne ist, wie alles reine Gefühl, Verwirrungen ausgesetzt. So daß man nicht irret aus eigener Schuld, sondern des höheren Gegenstandes wegen, für den der Sinn zu schwach ist ...

Verstehe das, wer will. Und immer die Worte lebendig und Wahrheit. So verliert er sich, spricht nur zu sich selbst, oder zu wem sonst?

Schreibt wohl auch gar nicht mehr. Nicht einmal Briefe.

Allerliebster Sohn! Ob ich schon nicht so glücklich bin auf mein wiederholtes Bitten auch einige Linien von Dir, mein Lieber, zu erhalten ...

Die Mutter schickt ihm Wämsle und Strümpf. Daß Du sie auch ja trägst. Der liebe Gott sei uns und unserm Vaterland gnädig und gebe uns und allen Menschen wieder den süßen Frieden ...

Keine Antwort.

Sinclair, mein Sinclair, hat Homburg verlassen.

Schmid, mit dem er noch eben umging, ist fern. Sie sagen, er wäre, verrückt, ins Kloster Haina gebracht, um zu einem brauchbaren Bürger der menschlichen Gesellschaft wiederhergestellt zu werden, sie sagen, vom eigenen Vater.

Kalte Welt. Nachtzeit des Geistes. Alles Erhabene vertauscht ins Gemeine.

Seckendorf aus dem Land gewiesen. Buonaparte in Württemberg. Der Kurfürst jetzt König. Die Stände verjagt. Baz, aus der Haft, ein geschlagener Mann.

In solchem Moment vergißt der Mensch sich und den Gott.

In der äußersten Grenze des Leidens besteht nämlich

nichts mehr, als die Bedingungen der Zeit oder des Raums. In dieser vergißt sich der Mensch.

In welcher Zeit lebt er da, und in welchem Raum, ungemessene Schritte zwischen Erregung und Ermattung, zwischen Kälte und Glut?

Es ist so still um ihn. Er erträgt es nicht. Er hört auf die Laute vor seiner Tür, Wortfetzen unter dem Fenster. Kommt wer? Niemand kommt. Ist Sinclair frei?

Das Klavier gibt nur immer die gleichen Töne, keinen dazu.

Er klappt den Holzdeckel auf. Er reißt an den Saiten, reißt die Hände sich blutig, steht unter der Tür starren Blicks; die braven Hausleute weichen entsetzt.

Sie gehen ihm aus dem Wege. Sie sagen, der ist nicht mehr bei sich. Wie der ausschaut, die wirren Haar, die langen Nägel und überhaupt, daß es zum Fürchten ist. Der kann hier nicht bleiben. Hierzulande ist keine Hoffnung, ihn herzustellen.

Niemand nimmt sich seiner an, spricht noch gut zu ihm, daß es ihm Wärme gibt.

Ich dünk ihnen gestorben, sie mir. Und so bin ich allein.

Jeder Mensch hat doch seine Freude, und wer kann sie ganz verschmähen?

Sie können ihn nicht mehr brauchen.

Bald aber wird, wie ein Hund, umgehn in der Hitze meine Stimme auf den Gassen der Gärten, in denen wohnen Menschen. Der Mensch nämlich ist der Nabel dieser Erde, diese Zeit auch ist Zeit, und deutschen Schmelzes.

Düstere Ahnung, vom Abgrund nämlich.

Es kommt der Morgen des elften September 1806.
Man hat Hölderlin bestellen lassen, es seien Bücher für den Landgrafen zu kaufen in Tübingen.
Ein Wagen fährt vor das Haus. Er ist zur Reise bereit.
Er sieht einen Mann aussteigen, ihm unbekannt. Die Hausleute machen betretene Gesichter.
Ich will nicht fahren, sagt Hölderlin.
Der Mann kommt ins Zimmer. Sie reden auf ihn ein.
Es geschieht mir nichts? sagt Hölderlin. Nein?
Ich kann meinem gnädigsten Kurfürsten mit gutem Gewissen unter die Augen treten.
Man bringt ihn zum Wagen. Da wehrt er sich. Schlägt und kratzt um sich mit scharfen Nägeln. Der Mann blutet. Er besudelt sich selbst. Sie überwältigen ihn. Er, schon im Wagen, schreit verzweifelt, daß ihn die Häscher holen. Den Leuten, die dabeistehn, klingt es noch in den Ohren.
Le pauvre Holterling, schreibt die mitleidige Landgräfin Caroline von diesem Tag an ihre Tochter.
Wie sehr es mich schmerzt, können Sie glauben, schrieb Sinclair an Hölderlins Mutter, aber der Notwendigkeit muß ein jedes Gefühl weichen, und in unseren Tagen erfährt man nur zu oft diesen Zwang. Da seine Freiheit selbst dem Publikum gefährlich werden könnte und da keine solche Anstalten im hiesigen Lande sind.
Man bringt Hölderlin in die Autenriethsche Klinik zu Tübingen. Er rast, tobt, schreit, Entschuldigungen und Verwünschungen in einem.
Es gab aber im Klinikum die Autenriethsche Maske, vom Leiter des Instituts gegen das Schreien seiner Patienten erfunden. Sie bestand aus Schuhsohlenleder und

umfaßte unten mit einer Art Boden das Kinn. Dem Mund gegenüber befand sich auf der inneren Seite ein weich ausgepolsterter Wulst von feinem Leder. Je eine Öffnung war für Nase und beide Augen bestimmt. Mit zwei Riemen, die über und unter den Ohren von vorn nach hinten liefen, wurde die Maske am Hinterkopf befestigt, während ein dritter breiter Riemen, durch lederne Bügel an den Seiten der Maske gehalten, unten den Boden der Mundhöhle quer faßte und oben auf dem Scheitel zusammengeschnallt wurde. Dadurch war das zu weite Öffnen des Mundes verhindert. Die Lippen drückte der Lederwulst von vorn gegeneinander. Damit der Kranke die Maske nicht herunterreißen konnte, wurden ihm die Hände auf dem Rücken zusammengebunden. In dieser Zwangslage ließ man die Patienten manchmal für Stunden, und, nach den Versicherungen Autenrieths, schrien sie später nicht mehr, selbst wenn man ihnen die Maske abgenommen hatte.
Hölderlin aber ist wahnsinnig.

3

Der Frühling kömmt. Und jedes, in seiner Art,
blüht. Der ist aber ferne; nicht mehr dabei.
Irr ging er nun …

Die verwüstenden Spuren der Krankheit laufen ihm über Wange und Mund. Eine Konvulsion, im Gesicht vorbereitet, treibt ihm zuweilen die Schultern in die Höhe, macht ihm die Hände und Finger zucken.

Er fährt beim kleinsten Geräusch zusammen, etwa, wenn es klopft.

Gerät er in Zorn – wie früher immer, wenn er jemanden aus dem Klinikum sah – dann sind seine Gebärden so heftig, als ob keine Gelenke in den Gliedern wären.

Dann muß man ihn allein lassen. Man wird von ihm am Arm hinausgeführt, er sagt:

Wie Eure Majestät befehlen!

Es ist ein Irrtum zu glauben, er habe die fixe Idee, mit nichts als Königen, Päpsten oder vornehmen Herren umzugehen, weil er jedermann, selbst seinem Wirt, dem Tischler Zimmer, hohe Titel gibt.

Es ist ein probates Mittel, sagt Zimmer, schwäbisch und bieder, sich jeden vom Leibe zu halten: man bleibt da-

neben doch ein freier Mensch, der sich nichts am Zeug flicken läßt.

Wenns ihm zu eng wird und er fort will, und ich sage: Bleiben Sie doch noch, Herr Bibliothekar, so greift er erst recht nach dem Hut, verbeugt sich tief und erwidert:

Eure Hoheit haben befohlen, daß ich gehe!

So gibt er jetzt den Leuten recht und bleibt was und wie er will, indem er sich mit Titulaturen loskäuft.

Alle diese Formen der Höflichkeit waren ihm angewöhnt. Er übertreibt sie nur zur leeren Zeremonie. Nicht zu vergessen, daß er bei Hofe war, als ihn die Zerrüttung gewaltsam und entschieden faßte. Ist wohl auch angeborener Stolz im Spiele, sich jedermann in einer unübersteigbaren Ferne zu halten.

Daß er wirklich mit Königen umzugehen glaubt, ist nicht zu denken. Er ist kein Narr. Vielmehr in einem Zustand völliger geistiger Erschöpfung.

Weil er von allen abgeschieden lebt, gewöhnt er sich daran, sie nicht mehr nötig zu haben: beruhigt nun, sich in der abgeschlossenen Welt als Ich und Nicht-Ich, erste und zweite Person, als All und Mensch, als Hohes und Höchstes zu halten.

Sein Tag ist äußerst einfach. Des Morgens, besonders im Sommer, erhebt er sich vor der Sonne, verläßt sogleich das Haus, um im Tübinger Zwinger unter den alten Bäumen spazieren zu gehen, vier oder fünf Stunden; bis er müde wird. Gleich unter dem Fenster seines Turms rauscht der Fluß. Am jenseitigen Ufer Wiesen bis ins Steinlachtal unter der Schwäbischen Alb, die fernen Berge. Nur freundliche Eindrücke.

Er unterhält sich, mit dem Schnupftuch auf die Zaunpfähle zu schlagen; rauft Gras aus und Blumen, verstreut sie wieder. Was er findet, ein Stück Eisen oder Leder, steckt er ein, nimmt das Verlorene mit sich.
Er spricht immer mit sich selbst. Fragt und antwortet.
Bald mit ja. Bald mit nein. Häufig mit beidem.
Denn er verneint gerne.

4

Laß in der Wahrheit immerdar
mich bleiben ...

Da brechen die Verse ab. Nicht die Feder, der Kopf versagt den Dienst. Oder, es geht alles wie in einem rasenden Sturz durcheinander, Personen, Gesichter, Ereignisse, Vorfälle, Freunde und Feinde. Zuviel für einen.
Da verweigert sich das geübte Maß des Gedichts.
Keine Strophen mehr, nur Bruchstücke, allenfalls Entwürfe und schöne Visionen. Später die stillen Harmonien, Gebundensein, das sich immer reimt und reimt, endgültig, Kehrseite des ungeordneten, hastigen Lebens.

Niemals im Unglück, jenes wegen
sagen etwas ...

Und doch in der Wahrheit bleiben. Wer vermöchte das schon. Und wo beginnen und wie?
Der Freund des von Sinclair, Magister Hölderlin aus Nürtingen, läßt Landgraf Ludwig V. von Hessen-Homburg dem Kurfürsten von Württemberg offiziell mitteilen, befinde sich zu Homburg seit dem Juli vorigen Jahres.
Seit einigen Monaten sei derselbe in einen höchst trau-

rigen Gemütszustand verfallen, so daß er als wirklich Rasender behandelt werden müsse. Er rufe beinah unausgesetzt:
Ich will kein Jakobiner sein!
Der Landgraf wünsche, daß die Auslieferung dieses Menschen, solle bei der Untersuchung die Sprache von ihm sein, umgangen werde. Wenn man solche aber nötig finde, so müßte der Unglückliche ganz und auf immer übernommen und versorgt werden, weil demselben dann die Rückkehr nach Homburg nicht mehr gestattet werden könne.
In diesem Ton. Gegeben am 4. März 1805.
Der arme Hölderlin, sagt Sinclair, man ging so weit, mein Verhältnis zu ihm zu einem Mittel der Anklage gegen mich zu machen. Anklage wegen einer geplanten Verschwörung wider den verhaßten Kurfürsten Friedrich II. von Württemberg zum Zwecke seiner Beseitigung.
Nur der Tod oder eine Regierungsänderung wird das Vaterland von den Ungeheuern befreien.
Der Satz läuft in den Straßen von Stuttgart um, mit ihm Männer, die für Augenblicke aus dem Dunkel der Geschichte treten, ihre Namen hersagen und wieder untertauchen.
Der Satz fällt bei einem Abendessen im Hause des Bürgermeisters Baz zu Ludwigsburg. Baz, vor Jahren schon in der Haft des Herrschers auf dem Hohen Asperg, er spuckt Blut vor Erregung, lädt Sinclair zu Besuch, ein Freundesgespräch bei einer Flasche Wein und ein paar Schüsseln.
Mit Sinclair ein gewisser Blankenstein, hellhörig,

schweigsam, der noch genug reden wird. Und Seckendorf ist da, württembergischer Regierungsrat, gelehrt und menschlich, wie Hölderlin sagt, schreibt Komödien und Poesien, korrespondiert mit der gelehrten Welt bis nach Weimar.

Jetzt im Hause von Baz, beim Wein, ist die Stimmung erregt. Man politisiert.

Seit Tagen hält sich das Gerücht von einem Staatsstreich im Lande.

Der Landtag hat dem verstoßenen Kurprinzen Wilhelm Gelder bewilligt, um sich von ihm den Schutz der Verfassung zu sichern, deutlicher Affront gegen den brutalen kurfürstlichen Vater, der Verrat wittert und schon Angehörige der Stände widerrechtlich verhören läßt. Der Landtag protestiert. Man hat Kuriere zum Kurprinzen, der am Hofe Napoleons wartet. Es steht auf des Messers Schneide.

Sinclair, impulsiv, animiert, erzählt bei Tische einen Spaß des Epigrammatikers Haug, Kabinettssekretär am Hofe. Ein Geheimrat flüstert: Der Kurfürst werden einen Coup machen. Darauf ein zweiter, geheimnisvoll: Er plane einen Streich. Wohl einen Kuh-Streich, vollendet ein dritter Geheimer Rat. Man lacht über das Wortspiel, die Köpfe vom Wein erhitzt.

Da fällt der Satz.

Bei dem einen Satz bleibt es nicht. Sinclair und Baz malen die Szene aus. Gewaltstreich, heißt es, entschlossene Männer, damals die Clubisten in Mainz. Namen fallen, Hofacker und Hauff, der Zirkel freier Männer, man kennt sich aus.

Sinclair und Baz schlossen schon Freundschaft in den

Tagen des Rastätter Kongresses, als die Freiheitsfreunde einen Plan zur Revolution in Schwaben machten, zu einer Süddeutschen Republik nach dem Schweizer Vorbild – so wird es Blankenstein später zu Papier bringen. Auch, daß Baz an dem betreffenden Abend wörtlich gesagt: Nur eine schleunige Regierungsänderung könne die Landesversammlung retten; und daß man sich nicht mehr auf den französischen Gesandten, den arroganten Bonapartisten Didelot, verlassen könne.
Sinclair stimmt zu.
Mit Sinclair aber ist Hölderlin von Nürtingen nach Stuttgart gekommen. Aus dem stillen Haus der Mutter, die jede seiner ungewöhnlichen Regungen bewachte, die Heftigkeit, die ihn manchmal befällt, die traurige Apathie, die sie Schwachmut nennt.
Hölderlin will die Stelle eines landgräflichen Bibliothekars antreten, die ihm Sinclair, erster Beamter zu Hessen-Homburg, besorgt hat; zweihundert Gulden im Jahr, für die der Freund selbst aufkommen muß.
An dem Tag, bevor sie Stuttgart wieder verlassen, läßt Kurfürst Friedrich II. den württembergischen Landtag auflösen, Beamte werden suspendiert, Mitglieder des Ausschusses verhaftet und auf den Asperg gebracht, auch eine Frau, Eheweib des jüngeren Stockmayer, die den Schlüssel zu den belastenden Akten versteckt hielt. Überall spricht man davon.
Hölderlin entwirft Zeilen für ein Gedicht, Dem Fürsten betitelt:

Wenn einer der Sonne nicht traut
und von der Vaterlandserde
das Rauschen nicht liebt...

Es bricht mitten im Gedanken ab.
Das Studium des Vaterlandes, seiner Verhältnisse und Stände ist unendlich und verjüngt, schrieb er an Seckendorf, und entschlossen dazu: Beunruhigen uns die Feinde des Vaterlands, so ist ein Mut gespart, der uns verteidigen wird gegen das andre, das nicht ganz zu uns gehört.
In Schwaben herrscht wieder die autarke Gewalt. Napoleon wird sie besiegeln. Wir lassen uns ohne Widerstand schlachten und dem Elend und der Willkür preisgeben, sagen die Leute.
Mit Sinclair reist Hölderlin in diesen Tagen über Heilbronn und Anspach gen Homburg. Sie besuchen Schelling in Würzburg, der Hölderlin in einem besseren Zustand findet denn im Jahre zuvor, wenn auch noch merklich zerrüttet.
Hölderlin wirkt zerfahren, auf Fremde macht er einen seltsamen Eindruck.
Nicht zu uns gehört, sagt er, und: Niemals im Unglück sagen etwas.
Nein, sagt Sinclair, was bei ihm Gemütsverwirrung scheint, ist eine aus wohlüberdachten Gründen angenommene Äußerungsart. Außer mir nur sechs bis acht Personen, die seine Bekanntschaft gemacht, sind davon überzeugt.
Sie treffen im Juli 1804 in Homburg ein, Blankenstein immer mit ihnen.
Sinclair, eilig, in Staatsgeschäften, geht nach Paris, läßt den Freund allein zurück.
Hölderlin nimmt Wohnung beim Uhrmacher Calame.
Nichts als meine vier Wände, und daß sie mir seien wie

eine Melodie, zu der man seine Zuflucht nimmt, wenn einen der böse Dämon überwältigen will.
Die Ruhe ist trügerisch.
Homburg vor der Höhe, umgeben vom lieblichen Taunus, vierhundert Häuser, gut zweitausend Bewohner, dazu sechs Dörfer. Ein Zwergstaat. Hier jammern einen die Leute, sie fühlen, wie es bei ihnen aussieht, und ein Fremder macht ihnen bang, meldete der durchreisende Herr von Goethe.
Das Land ist herabgekommen, die französischen Besatzungen haben das ihrige getan, einen Bettelfürsten nennen die reichen Frankfurter Bankiers den kunstsinnigen, entschlußschwachen Landgrafen Friedrich Ludwig.
Da brauchen wir einen wie unseren lieben Blankenstein. Vielseitig talentiert, Manieren von Welt, an europäischen Höfen comme il faut, gekommen wie gerufen, den dürftigen Finanzen von Hessen-Homburg etwas aufzuhelfen. Mit einer Staatslotterie.
Das Unternehmen erweist sich als Schwindel, der Mann als Hochstapler und Spekulant.
Die Sache ist trivial.
Sinclair, der ihm blind vertraute, entdeckt den Betrug. Blankenstein kommt seinen Verfolgern zuvor.
Setzt ein entsprechendes Billet auf an Ew. Churfürstliche Durchlaucht Friedrich II. von Württemberg:
Als Deutscher erachte ich mich verpflichtet, die mörderischen Pläne einiger Schurken zu vereiteln. Nennt Sinclair, Baz und Seckendorf. Droht: Unter dem günstigen Vorwand, den hiesigen Prinzen Louis hochfürstliche Durchlaucht nach Paris zu begleiten, reiste Sinclair im

Auftrage der deutschen Revolutionairer dahin, und ich habe gegründete Ursache zu befürchten, daß die Pläne dieses Menschen der Ausführung nahe sind.
Da bloß mein Gewissen und meine Pflichten, keineswegs Eigennutz, mir die Demarche dictiert...
Eben im Stil solcher Schreiben.
Denunzianten kommen immer gelegen. Der Kurfürst läßt über seinen Minister Graf von Wintzingerode recherchieren, fordert Namen und Details, die Blankenstein beflissen gewährt:
Kurz vor der Abreise nach Stuttgart habe Sinclair einen Hölderlin aus Nürtingen abgeholt. In beider Gesellschaft reiste ich nach Homburg, hatte Gelegenheit zu bemerken, daß Hölderlin um Sinclairs Pläne wußte.
Freigelassen der Nachtgeist. Das Jahr am Ende. Winternächtliche Zeit zwischen den Zeiten.
Hölderlin, in der Homburger Bibliothek, die sonst keine Spuren seiner Tätigkeit preisgibt, schon ferne, liest. Berichte von Reisen und Abenteuern weit. Liest von Fahrten, von den Flibustiern.

Wünscht ich der Helden einer zu sein...
so wäre es ein Seeheld.

Liest von fernen paradiesischen Eilanden, Tinian, die Südsee.

Süß ists, zu irren
in heiliger Wildnis...

Lebt einfältige und stille Tage. Hat sein Auskommen. Benötigt nichts.
Noch einmal das große Bild: Griechenland.
Alltag aber wunderbar lieb zu den Menschen...
Vermischt schon die geliebten Landschaften Alpen und

Schattenriß Hölderlins um 1795 mit Namenszug von einer Gehaltsquittung als Bibliothekar des Landgrafen zu Homburg 1804

Avignon, niegesehene Gärten um Windsor, das ebene Weltmeer, glühend. Noch einmal.
Gerüchte sind schnell und heimtückisch. Sinclair, aus Paris zurück, warnt die Freunde, interveniert bei seinem gnädigen Herrn Landgrafen. Einer der Intriganten am Hofe, ein Professor Pilger, wird des Landes verwiesen; hat, bei der Größe dieser Staatswesen, nur eine Stunde zu gehen, um jenseits der Grenzen Blankensteins Anwürfe zu verstreuen.
Hölderlin, erschreckt, ist außer sich.
Ist im Unglück. Ist in der Wahrheit. Was unterscheidet sie noch? Ruft in einem fort, daß er unschuldig sei. Verwünscht selbst den Freund.
Das ist keine Verstellung. Das ist Verzweiflung.

> ... fast hatte
> Licht meines Tages tieffurchend
> der Tag von deinem Herzen,
> mein Kurfürst! mich
> hinweggeschwatzt und auch die süße Heimat...

Der arme Hölderlin.
Die Nacht vom 25. auf den 26. Februar 1805 war eine der stürmischsten, die sich einem sterblichen Auge und Ohren dargeboten. Herr Äolus hatte alle Windlöcher geöffnet, und Herr Blasius drohte Häuser zu entdächern. In dieser Nacht, wie es der Brauch will, früh gegen zwei Uhr, wird, nach einem beinah eine Viertelstunde fortgesetzten Läuten und Klopfen an der Haustür, Sinclair, Regierungsrat von Hessen-Homburg, im Auftrage des württembergischen Kurfürsten verhaftet; hatte der unentschlossene Landgraf seinen ersten Beamten preisgegeben.

Die kurfürstlichen Häscher halten gründlich Haussuchung und entführen den Arrestanten im Wagen nach Ludwigsburg, unter Anteilnahme einer neugierigen, schadenfrohen Menge.
Vor dem eilig berufenen kurfürstlichen Tribunal stehen Sinclair, Baz und Seckendorf dem Kronzeugen Blankenstein gegenüber. Sie werden auf der Solitude in Haft gehalten, verhört, konfrontiert, es geht über Monate.
Bei Sinclair findet man auch sieben Briefe von Hölderlin, die nicht bekannt werden. Die Untersuchungskommission fordert Gutachten über diesen Verdächtigen an. Eines erstattet im Auftrage des Landgrafen der Hofrat Dr. Müller zu Homburg, eilfertig, ohne recht auf die direkten Anschuldigungen einzugehen, die von der Kommission gemacht werden, vielmehr, daß Hölderlin ganz in Raserei gefallen und man sein Reden, halb deutsch, halb griechisch, halb lateinisch, schlechterdings nicht mehr verstehe. Dieses Gutachten bewahrt Hölderlin vor der Festnahme.
Der aber wiederholt noch immer, laut und öffentlich: Ich bin kein Jakobiner. Ich will kein Jakobiner sein. Fort mit allen Jakobinern. Vive le roi!

5

Mein Gewand in Winden wehet,
wie der Geist mir lustig fragt,
worin Inneres bestehet,
bis Auflösung diesem tagt.

Man bringt ihm sein Essen aufs Zimmer, und er speist mit gutem Appetit. Liebt auch den Wein und würde solange trinken als man ihm gäbe.
Ist er mit dem Essen zu ende, kann er keinen Moment länger das Geschirr in seinem Zimmer leiden. Er stellts sogleich vor die Türschwelle. Er will durchaus nur im Zimmer haben, was sein ist.
Der übrige Teil des Tages zerfließt in Selbstgesprächen. Fällt ihm etwas ein, eine Erinnerung, vielleicht eine Bemerkung, die ihm ein Gegenstand erweckt, so mangelt es ihm an Ruhe, um zu erfassen, was eben noch wie Dunst in ihm werden wollte. Er will bejahen. Aber da es ihm nicht um Wahrheit zu tun ist, denn diese will nur Produkt eines geordneten Denkens sein, so verneint er im Augenblick wieder heftig.
Sagt er sich selbst: die Menschen sind glücklich; dann mangelt es ihm an Klarheit, sich zu fragen, warum und wie.

Er widerruft, sagt: die Menschen sind unglücklich, doch es kümmert ihn nicht, wie und warum sie es sind.
Nein, nein, nein ruft er, um sich aus solchem Schwindel zu befreien. Verfällt aber nur umsomehr in Paroxismen, sagt jetzt Worte ohne Sinn, als ob sein Geist, allzusehr angestrengt, sich erholen sollte, während der Mund zusammenhanglos Sätze ausspricht.
Sein Leben ist jetzt ein ganz inneres.
Von seinem Fenster aus sieht er den Frühling kommen und gehen, wie die Schafe über den Steg des Flusses trappen.
Die Natur, das zeigt sein Benehmen im Freien, hat eine wohltätige beruhigende Wirkung auf ihn. Die lebendige Natur, die er einst feierte und die ihm noch Bilder gibt, die er sich frisch von ihr holt, da ihm die Welt des Gedankens in unseligem Wirrwarr unterging.

Wenn ich auf die Wiese komme,
wenn ich auf dem Felde jetzt,
bin ich noch der Zahme, Fromme,
wie von Dornen unverletzt...

Im Conzschen Garten, dahin man ihn begleitet, pflückt er Blumen, bindet sie zu einem Strauß, zerreißt ihn wieder. Den Dichter Conz kennt er schon aus seiner Stiftszeit in Tübingen, als dieser, sein Repetent, die dichtenden Freunde ermahnte, den gesunden, kernhaften Ausdruck zu pflegen. Conz, der Literaturprofessor, der jetzt täglich seinen schweren Körper vor das Hirschauer Tor hinausträgt, in seinem Garten umherwandelt, ewig die Pfeife im Mund, aus dem Äschylos Verse skandierend.
Er, das Buch in Conz Hand erblickend, blättert darin, liest und sagt zu Conz mit krampfigem Lachen:

Das versteh ich nicht! Das ist Kamalattasprache.
Denn es ist eine Eigenheit von ihm, neue Wörter zu bilden. Conz, ein herzensguter Mann, dessen Oden die Spuren bemühter Philologie sehen lassen, will den Freund aufmuntern, indem er ihm Vergangenes zurückruft, sagt:
Herr Hofrat Haug, dessen Sie sich wohl erinnern, hat unlängst ein sehr schönes Gedicht gemacht.
Er, ganz abwesend, antwortet: Hat er eins gemacht?
So, daß Conz verblüfft lachen mußte.
Beim Abschied küßt er Herrn Conz artig die Hand.
Die Natur, ein Spaziergang, der freie Himmel, sie tun ihm immer gut. Davon gehen noch klare und wahre Bilder in die Gedichte, die er schreibt. Ein schrecklicher Satz darunter:
Nun versteh ich den Menschen erst, da ich fern von ihm und in der Einsamkeit bin.
An Gegenstände, die ihn früher sehr in Anspruch genommen und ihm wichtig waren, wie seine Poesie, verliert er, auch bei dringlicher Befragung, kein Wort.
Er erinnert sich nicht gern der Umstände seines früheren Lebens, die seine Krankheit verursacht.
Kommt er einmal darauf, wird er entsetzlich unruhig, geht nächtelang umher, wird unsinniger als gewöhnlich, tobt, bis seine geschwächte Natur ihr Recht eintreibt. Er sucht sein Zimmer, in das er die ganze Welt eingesperrt hat, auf einen noch kleineren Raum zu reduzieren, als ob er dort noch sicherer und unangefochtener wäre und den Schmerz besser ertragen könne.
Er legt sich zu Bett.

6

Im Jänner 1801 geht Hölderlin übers Gebirg.
Bis Tübingen von Landauer geleitet, steigt er allein das winterliche Steinlachtal bergauf, am kahlen Zollern vorbei über das Hochsträß der Rauhen Alb zum Bodensee.
Ich kann den Gedanken nicht ertragen, daß auch ich, wie mancher andere, so kalt und allzunüchtern und verschlossen werden soll, sagt er, bevor er die Freunde in Stuttgart verläßt, Landauer, den witzigen Haug, den Verleger Steinkopf. Dazu die ewig besorgte Mutter in Nürtingen, die ihn am besten in einer Pfarrstelle aufgehoben sieht.
Ja, wir bleiben uns alle, sagt Hölderlin.
Ich fühle ewigen Lebensmut, was mit Heiterkeit mich in die zweite Hälfte meines Lebens hinaussehen läßt.
Die offene Straße und die offene Welt.
In fünf Stunden geht er von Konstanz nach Hauptwyl bei St. Gallen, zum Haus des Schweizer Leinwandhändlers Gonzenbach, wieder als Hofmeister.
Da wohne ich, in einem Garten, wo unter meinem Fenster Weiden und Pappeln an einem klaren Wasser stehen, das mir gar wohl gefällt des Nachts mit seinem

Rauschen, wenn alles still ist und ich vor dem heiteren Sternenhimmel dichte und sinne.
Die Alpen sind wie eine wunderbare Sage aus der Heldenjugend unserer Mutter Erde und mahnen an das alte, bildende Chaos.
Alles seine Worte.
Ruhe sucht er und Stille. Seit drei Jahren der erste Frühling, den er mit freier Seele und frischen Sinnen genießt.
Wie ich die Augen weide an den Hügeln und Bächen und Seen herum. Ich glaube, es wird nun recht gut werden in der Welt. In dieser Unschuld des Lebens, hier unter den silbernen Alpen, soll es mir auch endlich leichter von der Brust gehen.
Man feiert den Frieden von Lunéville, hofft ein Ende der Feldzüge, setzt auf Napoleon als Friedensstifter.
Ich denke, mit Krieg und Revolution hört auch jener moralische Boreas, der Geist des Neides, auf, spricht Hölderlin, als spräche er zu sich selbst. Und eine schönere Geselligkeit als nur die ehern-bürgerliche mag reifen!
Am Ende ist doch wahr, je weniger der Mensch vom Staate erfährt und weiß, desto freier ist er. Es ist überall ein notwendig Übel, Zwangsgesetze und Exekutoren haben zu müssen.
Er spricht, als spräche er mit Freunden.
Es ist nur ein Streit in der Welt, was nämlich mehr sei, das Ganze oder das Einzelne? Der Streit widerlegt sich durch die Tat, indem der, der aus dem Ganzen wahrhaft handelt, zum Frieden geweiht und darum aufgelegt ist, alles Einzelne zu achten.

Um in Frieden mit der Welt zu leben, um die Menschen zu lieben, müsse ich mich beugen? Um anderen etwas zu sein, die eigene Freiheit verlieren?
Je sicherer der Mensch in sich und je gesammelter in seinem besten Leben er ist, um so heller muß auch sein Auge sein, und das Herz haben wird er für alles, was ihm leicht und schwer und groß und lieb ist in der Welt.
Töricht red ich. Es ist die Freude.
Die Gonzenbachs, gründliche Menschen, die gerade so viel Anteil an ihm nehmen, als es ihr Herz nicht schwächt, kündigen ihrem Hauslehrer, dem es zuweilen ein wenig bunt in seinem Kopfe ist, schon im zeitigen Frühjahr.
Auf Verlangen von Herrn Magister Hölderlin, bezeuge ich hiermit, daß dieser Herr als Lehrer meiner Kinder sich meine ganze Hochachtung erworben, bedaure nur, daß unvorhergesehene Wendung der Umstände uns so frühe wieder trennt. Mit unwandelbarer Hochachtung.
Was in einem Zeugnis so steht.
Dies Einsamsein, zu dem ich durch meine Natur bestimmt und nur immer unwiderstehlicher zurückgedrängt bin! schreibt Hölderlin an Landauer.
Er kehrt, mittellos, im Mai nach Nürtingen heim an den stillen Ort, an den Strom mit den Pappeln, hinter ihm noch Bergluft der Alpen, die Wasser des Rheins, heroische Landschaft seiner Gedichte. Herzen schlagen und doch bleibet die Rede zurück. Er lebt wieder im Hause der leidsüchtigen Mutter, Tage in Sorge, daß das Konsistorium ihn als Vikar einem Pfarrer zuweist, ständige Furcht seines Lebens. Es bleiben die Briefe.

Verehrungswürdigster! schreibt er an Schiller, wenn ich nach Jena ginge und da versuchte, den größeren Teil meiner Zeit zu Vorlesungen zu verwenden. Habe mich seit Jahren fast ununterbrochen mit der griechischen Literatur beschäftigt, glaube imstande zu sein, Jüngeren nützlich zu werden und ihnen die große Bestimmtheit dieser Schriftsteller als eine Folge ihrer Geistesfülle zu verstehen zu geben.
Bitte Sie recht sehr, Verehrtester! daß Sie dieses notwendige Selbstlob mit Ihrer gewohnten Güte lesen. Werden es nicht verschmähen, durch Ihre Teilnahme meinem Lebensgange ein Licht zu leihen.
Alles in einem untertänig geschraubten Stil, Hilferuf, auf den Schiller nicht antwortet. Schiller, der eben im März 1801 Goethe referiert: Es leben jetzt mehrere so weit ausgebildete Menschen, die nur das ganz Vortreffliche befriedigt, die aber nicht im Stande wären, auch nur etwas Gutes hervorzubringen. Ihnen ist der Weg vom Subjekt zum Objekt verschlossen, aber eben dieser Schritt macht mir den Poeten.
Und Goethe erwidert: Was die großen Anforderungen betrifft, die man jetzt an den Dichter macht, so glaube ich auch, daß sie nicht leicht einen Dichter hervorbringen. Wie wir in unseren Tagen leider gewahr werden.

> Größers wolltest auch du, aber die Liebe zwingt
> all uns nieder, das Leid beuget gewaltiger ...

schreibt Hölderlin, schreibt Hymnen und Elegien.

> Denn sagen hört ich
> noch heut in den Lüften:
> Frei sei'n, wie Schwalben, die Dichter.

Er wandert ruhelos zwischen Nürtingen und Stuttgart;

ins unabhängige Leben muß ich hinein; entschließt sich, sein Vaterland wieder zu verlassen, hoffentlich finde ich gute Menschen; bricht noch im Dezember nach Frankreich auf, wo ihn, fern in Bordeaux, bei einem Konsul Meyer, eine Hauslehrer- und Predigerstelle erwartet, mir ists besser draußen zu sein; freut sich auf den Anblick des Meeres, auf die Sonne der Provence, ich tue, was ich kann, so gut ichs kann; denke, daß es gottlos ist und rasend, einen Weg zu suchen, der vor allem Anfall sicher wäre, und daß für den Tod kein Kraut gewachsen ist.

Deutsch will und muß ich übrigens bleiben, und wenn mich die Nahrungs- und Herzensnot bis nach Otaheiti triebe.

Aber sie können mich nicht brauchen.

Nichts fürchten und sich viel gefallen lassen, schreibt er. Die lange Reise von Straßburg bis Lyon, meist zu Fuß, ein beschwerlicher Weg, Überschwemmungen der Flüsse halten ihn auf. Die gefürchteten überschneiten Höhen der Auvergne, in Sturm und Wildnis, in eiskalter Nacht, und die geladene Pistole neben mir im rauhen Bette.

Monate in einem Sturz.

Das gewaltige Element, das Feuer des Himmels und die Stille der Menschen, ihr Leben in der Natur und ihre Eingeschränktheit und Zufriedenheit. Die letzten Tage bin ich schon im Frühling gewandert. Die schöne Garonne und die Gärten von Bordeaux. Sie werden glücklich sein, sagt mein Konsul. Die traurige einsame Erde. Die Hütten des südlichen Frankreich und einzelne Schönheiten. Wenn im Olivenland in liebenswürdiger

Fremde die Sonne sticht. Männer und Frauen, die in der Angst des patriotischen Zweifels und des Hungers erwachsen sind; in den Gegenden, die an die Vendeé grenzen, das Wilde. Springbrunnen an grasbewachsenen Wegen, die Bäume unwissend in der Wüste. Im Hof aber wächst der Feigenbaum. Und das Herz der Erde tuet sich auf, Garonne meerbreit. Das Athletische der südlichen Menschen, in den Ruinen des antiken Geistes.

Wo aber sind die Freunde?

Nicht ist es gut, seellos von sterblichen Gedanken zu sein. Mancher trägt Scheu, an die Quelle zu gehn; es beginnet nämlich der Reichtum im Meere. Offen die Fenster des Himmels und freigelassen der Nachtgeist, der hat unser Land beschwätzet mit Sprachen viel, unbändigen, und den Schutt gewälzet bis diese Stunde.

Stunde in der Hitze des Juni 1802, im schläfrigen Nürtingen, da er, an Geist und Leib heruntergekommen, wie der Chronist Kocher vermeldet, unerwartet im mütterlichen Hause eintrifft, dessen Bewohner, die ihn verständnislos anstarrn, in plötzlicher Wut alle vor die Tür hinausjagt; wie es sein Biograph Schwab schildert, ins Zimmer des Dichters Matthisson tritt, abgemagert, von hohlem wildem Auge, langem Haar und Bart, gekleidet wie ein Bettler, und, da dieser ihn nicht erkennt, mit dumpfer Stimme ›Hölderlin‹ sagt. Der bestürzte Herr hat Not, sich von dem Eindruck dieses Besuches zu erholen.

Was ihm wirklich geschehn, ist nicht bekannt.

Nur, daß er, der sich homme de lettres ins Paßkontrollbuch einträgt, schon auf der Hinreise in Straßburg, als

Jakobiner verdächtigt, vierzehn Tage zu bleiben genötigt, und ihm, wie er es nennt, von der Obrigkeit angeraten worden, seinen Weg nicht über Paris zu nehmen.
Daß er von Bordeaux jäh aufbricht, von dort sagt, daß ihn Apollo geschlagen, die Heimkehr zu Fuß in der Hitze des Frühsommers, wieder über Straßburg, ihn vollends erschöpft, daß er der Sinne kaum mächtig.
Sein Zustand werde allmählich ruhiger, er sei überzeugt, daß er sich schnell vollends bessern werde, teilt Landauer der Familie mit, da Hölderlin in Stuttgart bei ihm Zuflucht sucht.
Der hat die furchtbare Nachricht nur noch nicht empfangen.
Eben war Susette noch im Garten in der Gesellschaft, ihr Kleid lila und weiß. Ich erhielt es an dem Tag, wo du das letzte Mal bei mir warst. Ist auch den nächsten Tag munter, daß sie einen Abendspaziergang macht bis an die großen Bäume am Wasser. Legte sich wohl zu Bett, verlangte um drei Uhr ein Glas Wasser und sagte, man möchte ihr doch ein warmes Tuch bringen, schlief wieder ein, stund früh auf. Man fragt sie: wie ist dir? Sie antwortet: besser. Fällt, kaum sie es gesprochen, auf die Erde, gleich in den heftigsten Krämpfen, es halfen alle Mittel nicht, so daß sie vier Uhr nachmittags verschied.
Eben in den Tagen, da Hölderlin heimkehrt.
Nichts als ein Brief.
Kann ich doch nicht das dem Zufall überlassen, wogegen die Hilfe der Freundschaft zu gering ist, schreckliche Nachricht dir zu geben...

Der Brief kommt von Sinclair.
Trost weiß ich dir keinen ...
Du glaubtest an Unsterblichkeit, da sie noch lebte ...
Und was ist größer und edler, als ein Herz ...
Rede dir Mut zu ...
Sie ist sich bis zuletzt gleich geblieben. Ihr Tod war wie ihr Leben. Ich weine, indem ich dies schreibe.
Hölderlin, außer sich, geht wieder nach Nürtingen, will niemand sehen, lebt da so hin.

Aber das Haus ist öde mir nun, und sie haben mein Auge
mir genommen, auch mich hab ich verloren mit ihr.
Darum irr ich umher, und wohl, wie die Schatten, so muß ich
leben, und sinnlos dünkt lange das Übrige mir.

7

Womit er sich tagelang beschäftigen kann, das ist sein Hyperion. Oft, wenn man zu ihm kommt, hört man ihn schon von draußen mit lauter Stimme deklamieren.

Er liest auch daraus vor, sein Pathos ist groß. Hat er eine Stelle erfaßt, fängt er mit heftiger Gebärde an zu rufen: O schön, schön, Eure Majestät!

Einmal unterbrach er sich mitten im Vorlesen, setzte plötzlich hinzu: Sehen Sie, gnädiger Herr, ein Komma!

Eine Stelle lag aufgeschlagen, man liest, es stockt einem der Atem:

O mir, mir beugte die Größe der Alten, wie ein Sturm, das Haupt, mir raffte sie die Blüte vom Gesichte, und oftmals lag ich, wo kein Auge mich bemerkte, unter tausend Tränen da, wie eine gestürzte Tanne, die am Bache liegt und ihre welke Krone in die Flut verbirgt. Wie gerne hätt ich einen Augenblick aus eines großen Mannes Leben mit Blut erkauft!

Man sagt ihm, daß sein Hyperion wieder neu gedruckt worden, und daß man seine Gedichte sammle, erhielt aber nie eine andere Antwort darauf, als eine tiefe Verbeugung und die Worte:

Sie sind sehr gnädig, Herr ... Ich bin Ihnen sehr verbunden.
Oft will man, wenn er eine Frage auf diese Weise abschneidet, mit Gewalt auf eine vernünftige Antwort dringen. Er aber gerät dadurch nur umso heftiger in Bewegung und bringt einen fürchterlich kunterbunten Wortschwall hervor.
Seine Bücher bestehen aus Klopstocks Oden, Gleim, Cronegk und dergleichen alten Poeten, auch Hagedorn und Zachariä.
Klopstock liest er oft.
Man wollte ihm andere Bücher geben, dachte, den Homer werde er lesen, der ihm doch im Gedächtnis sei. Er aber nimmt die Übersetzung nicht an. Der Grund ist nicht Stolz, sondern Furcht, sich zu beunruhigen, wenn er sich mit etwas Neuem einläßt. Nur das Gewohnte kann ihn in Ruhe lassen, Hyperion und seine bestaubten Poeten. Homer war ihm seit Jahren fremd geworden.
Voll Lieb und Geist und Hoffnung wachsen seine Musenjünglinge dem deutschen Volk heran; du siehst sie sieben Jahre später, und sie wandeln, wie die Schatten, still und kalt, sind, wie ein Boden, den der Feind mit Salz besäete, daß er nimmer einen Grashalm treibt; und wenn sie sprechen, wehe dem! der sie versteht, der in der stürmenden Titanenkraft, wie in ihren Proteuskünsten den Verzweiflungskampf nur sieht, den ihr gestörter schöner Geist mit den Barbaren kämpft, mit denen er zu tun hat.
Das steht in seinem Hyperion.
Gibt man ihm Papier zum Schreiben, setzt er sich an

den Tisch und macht einige Verse, auch gereimte. In einer Ode in alkäischem Versmaß spricht seltsam die Geliebte zu ihm wie in Briefen aus alter Zeit.
Von Diotima, von Griechenland will er durchaus nicht reden, und wenn man ihn geradezu fragt, ob er schon lange nicht mehr in Frankfurt gewesen sei, so antwortet er nur:
Oui, Monsieur, Sie behaupten das.

8

Wenn aus der Ferne, da wir geschieden sind,
ich dir noch kennbar bin ...
So sage, wie erwartet die Freundin dich?

Morgens bricht Hölderlin von Homburg auf, schlägt den Weg nach Frankfurt ein, erreicht vor dem Eschenheimer Tor den Adlerflychtschen Hof, ein schönes Anwesen inmitten der Obstgärten, Aussicht aufs Gebirg.

Ists Frühling? Ists Sommer?

Wenn es in der Stadt zehn Uhr schlägt, steht er an der niedrigen Hecke, nahe bei den Pappeln, am Haus, hält jetzt den Stock über der Schulter. In einem der oberen Fenster erscheint ein weißes Tuch, ihr Zeichen. Er nähert sich der Einfahrt, nicht weit von der kleinen Laube, blickt um sich, ob niemand kommt. Geräusch im Garten. Eine Hand im grünen Gerank, der Brief, ihre Gestalt hinter dem Gesträuch, kaum ihr Gesicht, schnelle Schritte, die sich entfernen, knirschender Sand.

An manchen Tagen nicht einmal ein Brief. Sie tritt nur ans Fenster, sieht sein Gesicht durch die Büsche, er lehnt an einem Baum.

– Bist du es wirklich? Die ganze Gegend ist stumm und leer ohne dich. Und ich bin so voll Angst. –

– Liebste, sag, was ist besser, daß wirs verschweigen, was in unserem Herzen ist, oder daß wir uns treffen? –

– Ich weiß nicht, ich bin so ängstlich, ich meine, wir möchten verraten werden. Siehst du nicht blaß aus? Du erhältst dich, ich weiß, nur um meinetwillen. Und versag dir auch keine Freude. Deine Briefe hab ich mir alle wie ein Buch zusammengebunden. So lieben wie ich dich, wird dich nichts mehr. So lieben wie du mich, wirst du nichts mehr. Verzeih den eigennützigen Wunsch. –

– Ich hab immer getan, als könnt ich mich in alles schikken. Hab oft selbst den Gedanken an dich mir versagt, gedacht, wir könnten auch von der Verleugnung leben, als machte auch dies uns stark. Eben deswegen schrieb ich dir nicht. –

– Ich war nicht allein. Wie drückend es ist, mit der ganzen Last der Empfindung so verschlossen zu bleiben. Wirst du wohl über acht Tage wiederkommen? Ich glaubte deine Gestalt in der Allee zu sehen. Warst du es wirklich? –

Da ist es Sommer. Ein Jahr, seitdem sich Hölderlin aus dem Hause Gontard entfernt. Heimlich tauschen sie Briefe, flüchtig begegnen sie sich.

In jenen Gärten, da nach entsetzlicher
und dunkler Zeit wir uns gefunden?

Ein Spiel der Phantasie. Schatten, die sich treffen. Schatten, die sich umarmen. Sie sagen es selbst.

Es ist wieder Mai. Die schöne Pfingstweid vor dem Röderberg, man wohnt mitten im Grünen, im Garten unter Wiesen, hat Kastanienbäume um sich herum, Blumen und Blüten. Hölderlin, der Hofmeister, der die Flöte bläst, von der Hausdame Marie auf der Gitarre begleitet, laß die Grillen, lieber Junge, sieh, die Stunden fliehn. Eine Schäferszene, von Kindern umsprungen.

Die ersten vertrauten Gespräche in der Laube, in ihrem Kabinett. Die Stimme der Natur, die Musik und ihre eigenen Stimmen.

Wo wir und wir nur umeinander sind, ungestörte Stunden. Hölderlin liest ihr Verse, liest aus dem Hyperion, sagt: Es gibt ein Wesen auf der Welt.

Susette Gontards Haus Zum Weißen Hirschen liegt am Großen Hirschgraben, nur wenige Schritte von Goethes Elternhaus. Jacob Friedrich Gontard, Bankgeschäfte und Spedition, dazu Kommissionen in Wolle und Baumwollgarnen en gros. Les affaires avant tout. Die Geschäfte sind alles.

Der Menschenbach, der sonst träge durch die Straßen fließt, ist zur Flut geschwollen. Gäste und Gesellschaften, Eitelkeit und Ostentationen, statt vernünftigen Gebrauchs des Wohlstands, notiert Herr Zeerleder aus Bern in sein Taschenbuch, da er durchreist.

Frankfurt ist eine neue Welt.

Am letzten Tag des Jahres 1795 stellt sich Hölderlin auf Empfehlung des Doktor Ebel vor.

Den Börsencours versteh ich aufs Haar, sagt der Hausherr jovial, aber wie die Kinder geleitet werden und was sie lernen müssen, ist nicht meine Sache.

Man weist ihm sein Zimmer unter dem Dach. Die Kinder begrüßen ihn artig. Henry nennt ihn mein lieber

Hölder. Er gefällt allen. Seinem Zögling braucht er nur den Vormittag zu widmen, er bekommt vierhundert Gulden im Jahr, hat sonst alles frei. Von dem Ersparten soll der Bruder studieren.

Frau Susette ist vormittags unsichtbar. Den großen Gesellschaften des Hauses, da man den Damen die Cour macht, weicht sie aus. Sie hat gern, wenn man selbst spricht, hört lieber zu. Nur in ihrem häuslichen Kreis ist sie vergnügt, zeigt sich dann zutraulich.

Sie aber stand vor mir in wandelloser Schönheit, mühelos, in lächelnder Vollendung da.

Hölderlin sagt, ich bin froh wie ein Adler. Er nennt sie Diotima.

– Hätt ich mich zu deinen Füßen nach und nach zum Künstler bilden können, in Ruhe und Freiheit. Und wir beide so nebeneinander. –

– Dir ist es Bedürfnis, dich mitzuteilen und aus deinem Wesen zu sprechen. Wenn du zuweilen mißmutig bist, fehlt es nur daran, daß du nicht verstanden wirst und dich dann selbst nicht siehst und an dir zweifelst. –

. . . Wie flossen Stunden dahin, wie still
war meine Seele über der Wahrheit, daß
ich so getrennt gewesen wäre?

Vielleicht gelingt mirs, einen Teil ihres Wesens in einem glücklichen Zug zu bezeichnen? Hölderlin schreibt es an Neuffer. Daß ich jetzt lieber dichte, als je, kannst du dir denken. Übrigens ist es unbedeutend, ob ein Gedicht mehr oder weniger von uns in Schillers Almanache steht. Wir werden doch, was wir werden sollen.

Schönes Leben, du lebst.

Tage bei Sinclair in Homburg, drei kleine Stunden weit.

Diotima

Schattenriß von Susette Gontard nach der Büste des Bildhauers Ohmacht (1795) mit Susettes Abschrift von Hölderlins Gedicht ›Diotima‹

Hofrat Jung und Leutwein, Andreas Hahn, der Pfarrer, der die französischen Freiheitslieder in seinem Hause vor den Gläubigen anstimmt, interessante Menschen.

Die ganze Geschichte, sagt Jung, deutet auf langsame aber doch sichtbare Entwicklung unseres Geschlechts, auf immer weitere Verbreitung wahrer Begriffe über unsere ewigen Ansprüche und Bedürfnisse, auf wahre Moralitiät.

Große Worte.

Die französische Armee geht eben über den Rhein, sagt Leutwein. Wenn die Franzosen nur einen Vorteil über ihre Feinde erhalten, ich glaube, daß die Deutschen vielleicht aufstehen werden, ruft Sinclair.

Man verliest Briefe von Kämpff, der für die württembergischen Stände mit dem Direktorium in Paris verhandelt, Kämpff, der als Jakobiner vom Landgrafen entlassen wurde, als er nach Mainz ging. Ein Blatt der Rheinischen Fama geht herum:

Republikaner! Ihr kommt uns willkommen. Ihr wollt die Geißeln und Ketten brechen, die uns zerfleischt haben. Wir sind eurer Teilnahme würdig und zu einer segenvollen Revolution reif! O Schlacht fürs Vaterland, flammendes blutendes Morgenrot des Deutschen ...

Clubs und Kokarden müßte man haben, sagt einer und erinnert das Jahr 93. Sturz der Despoten. Erlassung der Steuern. Neue Kreation der Beamten. Politische Regeneration. Stimmen in Euphorie.

Es ist kein Scherz die Welt zu bessern. Sagt das Hölderlin? Die Riesenschritte der Republikaner. Jourdans Truppen nähern sich Frankfurt.

Es ist doch was Leichters, von den griechischen Donnerkeulen zu hören, welche vor Jahrtausenden die Perser aus Attika schleuderten, als so ein unerbittlich Donnerwetter über das eigne Haus hinziehen zu sehen.
Eben heute las ich in der Zeitung, daß General St. Cyr über Tübingen und Blaubeuren den Österreichern nach sei, bin in Unruhe wegen unserer lieben Schwester; auch bange wegen der Condéischen Untiere, die noch die Erde verunreinigen, das Corps der französischen Emigranten.
Hölderlin ist unterwegs mit der Familie Gontard, auf der Flucht nach Kassel vor dem Krieg nahe am französischen Kanonendonner vorbei. Sie reisen durch Westfalen, schöne Gegenden an der Weser, über kahle Berge; schmutzige, unbeschreiblich ärmliche Dörfer und noch schmutzigere, holprige Wege, in das abgelegene Driburg, wo sie das Bad und die Heilquellen gebrauchen.
Wahrhaft glückliche Tage.
Das Geländer, worauf sie sich stützte, war etwas niedrig. So durft ich es ein wenig halten, die Hände brannten mir wie Kohlen, da ich sie berührte. Was ist alles, was in Jahrtausenden die Menschen taten und dachten, gegen einen Augenblick der Liebe?
Auch Herr Heinse, der berühmte Verfasser der Ardinghello, reist mit uns. Heinse, der den reinen schönen Tizianischen Teint der Dame Gontard beschreibt.
Hölderlin sitzt über dem Hyperion.
Er mag nicht viel über den politischen Jammer sprechen, sagt, ich bin seit einiger Zeit stille über alles, was unter uns vorgeht.

Sinclair, in Homburg, verhandelt mit den französischen Kommissaren um Erlaß der Kontribution. Die Armee, die so hervorragend kämpft, plündert bei jeder Gelegenheit, auch die Offiziere, die schlecht entlohnt sind. Dem General Jourdan spricht er, noch immer in Schwung, dieses Land zu revolutionieren, sein Scherflein Macht zu der Masse von Kräften zu stoßen, die für die erste Sache der Welt aufsteht.

Jourdan betrachtet ihn ruhig.

Er fragt den General nach den Tagen der Jakobiner, Schreckszenen, die ihn tiefsinnig machten, die man aber, wie der Wundarzt Beulen und Schäden, ohne Abscheu betrachten muß.

Jourdan antwortet: er habe damals wie alle französischen Soldaten nur daran gedacht, dem Vaterlande zu dienen. Wußte nicht, ob ich am nächsten Tage noch leben würde.

Sinclair verstummt.

Den Freiheitsfreunden in Schwaben aber hat General Moreau kalt mitteilen lassen, daß die bestehende Konstitution zu respektieren sei. Im Rücken der Armee duldet man keine Revolution. Das ist ein Befehl.

Du wirst mich weniger im revolutionären Zustand finden, wenn du mich wiedersiehst, schreibt Hölderlin dem Bruder. Philosophie mußt du studieren, und wenn du nicht mehr Geld hättest, als nötig ist, um eine Lampe und Öl zu kaufen, und nicht mehr Zeit als von Mitternacht bis zum Hahnenschrei.

Es ist fast nicht möglich, unverhüllt die schmutzige Wirklichkeit zu sehen, ohne selbst darüber zu erkranken.

Es ist aus, Diotima! unsre Leute haben geplündert, gemordet, ohne Unterschied...
– Darum laß dich nichts kümmern, Lieber. Ich würde dir gewiß nicht soviel sagen, wenn ich dich nicht kennte, nicht wüßte wie du so leicht durch deine Phantasie irre geleitet dir die Sachen anders vorstellst, als sie sind. –
– Wir wissen nicht mehr, was wir sind und haben, und kennen uns kaum noch selbst; dieser ewige Kampf und Widerspruch im Innern. –

In meinen Armen lebte der Jüngling auf...
Es waren schöne Tage. Aber
traurige Dämmerung folgte nachher.

Abends geht Hölderlin unter ihrem Fenster vorbei. Der Schein der Lampe macht ihn für sie sichtbar, sonst bemerkt ihn keiner. Auch kommt er heimlich ins Haus, die hintere Tür herein, läuft, da niemand ihn sieht, leicht und schnell die Treppe hinauf zu ihrem Zimmer, dort eine Weile mit ihr zu sprechen.
– Ach, es war doch nicht das letzte Mal, daß ich dich sah? –
– Es ist wohl der Tränen alle wert, daß wir die Freude nicht haben sollten, die wir uns geben können. –
Es sollte nicht auffallend sein, wenn Personen, welche drei Jahre unter einem Dache lebten, eine halbe Stunde zusammen zubringen. Ihnen aber ist es verboten.
Sie sagt:
– Soll diese geliebte reine Liebe wie Rauch verfliegen und sich auflösen, nirgends eine Spur zurücklassen? –
Er sagt:
– Es ist himmelschreiend, daß wir beide mit unsern be-

sten Kräften vielleicht vergehen müßten, weil wir uns fehlen. –
Schönes Leben, du liegst krank.
Sie suchen das erlöschende Traumbild, einer vom andern. Träumen, immer träumen; doch träumen ist Selbstvernichtung. Worte, die sie brauchen, wie sie Blicke tauschen, Briefe noch über Jahre, daß sich die Zeiten verwischen.
Da war Zukunft. Da wird Vergangenheit. Was ist Gegenwart?
In den letzten Septembertagen des Jahres 1798 verläßt Hölderlin das Haus der Gontards.
Dieses ganze Jahr fast beständig Besuche und Feste, die Frankfurter Gesellschaftsmenschen und ihre Geistes- und Herzensarmut. Wo dann freilich meine Wenigkeit immer am schlimmsten wegkommt, weil der Hofmeister überall das fünfte Rad am Wagen ist und doch der Schicklichkeit wegen dabei sein muß. Der unhöfliche Stolz, die tägliche Herabwürdigung aller Wissenschaft und Bildung, Äußerungen, daß die Hofmeister auch Bediente wären, das kränkte mich, so sehr ich suchte mich darüber hinwegzusetzen.
Ich möchte der Kunst leben, an der mein Herz hängt, und muß mich herumarbeiten unter den Menschen, daß ich oft so herzlich lebensmüde bin.
Warum das?
Die Herbsttage tun ihm wohl. Er wohnt mit seinem Zögling Henry allein im Garten. Die Familie ist wegen der Messe in die Stadt gezogen. Nur die reine frische Luft und das schöne Licht und die ruhige Erde mit ihrem dunklen Grün, mit ihrem sterbenden Grün, mit

den durchschimmernden Früchten ihrer Bäume, die Wolken, die Nebel, die reineren Sternennächte.
Neuffer kommt. Hölderlin sagt, mein Verstand geht bei ihr in die Schule, mein uneinig Gemüt erheitert sich, was ich dichte, hat mehr Leben und Form.
Neuffer liest Verse. Leben entkeimt dem Tod, und bald nach Zerrüttungen stellet schöner die Ordnung sich her. Sie reden wie in jungen Tagen, da man das Beste nicht einmal in einem Papier nennen darf, das man einem Freunde schickt. Dennoch wird einst reifen die schöne Hoffnung.
Uns selber zu verstehen! Das ists, was uns emporbringt. Durch den Plunder, der uns aufhält, mutig sich hindurcharbeiten. Ich weiß wohl, daß ich noch nichts bin, sagt Hölderlin. Aber hebt das meinen Glauben auf? Ich werde sagen, daß ich mich nicht recht verstanden habe, wenn hienieden mir nichts Treffliches gelingt.
In Frankfurt siehst du, wenig echte Menschen ausgenommen, lauter ungeheure Karikaturen. Bei den meisten wirkt ihr Reichtum wie bei den Bauern neuer Wein. Auf welchen Grad besonders die reichen Kaufleute durch die jetzigen Zeitumstände erbittert sind, und wie sie jeden, der von ihnen abhängt, diese Erbitterung entgelten lassen. Man lernt schweigen unter solchen Menschen, und das ist nicht wenig.
Hölderlin unterrichtet Herrn Gontard, daß es seine künftige Bestimmung erfordere, sich auf eine Zeit in eine unabhängige Lage zu versetzen. Er vermeidet alle weiteren Erklärungen. Sie scheiden höflich.
– Trennen wollten wir uns, wähnten es gut und klug; da wirs taten, warum schreckte, wie Mord, die Tat? –

– Schon hab ich es bereut, daß ich dir den Rat gab, auf der Stelle dich zu entfernen. Ich hatte immer nur deine neue Freiheit und Unabhängigkeit vor Augen. Wie manches hätten wir noch über die Zukunft ausmachen können. –
Im Hause Gontard wird über die Affäre nicht gesprochen, in den Korrespondenzen nur diskrete Hinweise, effektvolle Szene bei einem Chronisten.
Frau Susette begegnet man höflich, bietet ihr alle Tage neue Geschenke und Lustpartien.
– Allein, von dem, der das Herz meines Herzens nicht schonte, muß die kleinste Gefälligkeit anzunehmen mir wie Gift sein. –
Ich halte es fast nicht aus, daß du fort bist, lieber Hölder, schreibt ihm sein Zögling Henry; der Vater fragte bei Tische, wo du wärest. Die Mutter ist gesund, sie will alles, was du uns gelernt hast, wieder mit uns durchgehen. Ich war heute bei Herrn Hegel, dieser sagte, du hättest es schon lange im Sinn gehabt.
Hölderlin nimmt Wohnung beim Glaser Wagner in Homburg, stille Zimmer, grüne Bäume am Fenster; das Mittagessen zu sechzehn Kreuzer am Tag, Bedienung und Wäsche zu siebzig Gulden im Jahr. Er ist es gewohnt, abends nur Tee zu trinken und etwas Obst zu sich zu nehmen.
Durch Schriftstellerarbeiten und sparsame Wirtschaft habe ich mir fünfhundert Gulden zusammengebracht, wenigstens auf ein Jahr von ökonomischer Seite gesichert.
Das Lebendige in der Poesie ist jetzt dasjenige, was am meisten meine Gedanken und Sinne beschäftigt. Ach,

die Welt hat meinen Geist von früher Jugend an in sich zurückgescheucht, und daran leid ich noch immer.
Es fehlt mir weniger an Kraft als an Leichtigkeit, weniger an Ideen als an Nuancen, weniger an Licht wie an Schatten, und das alles aus einem Grunde: ich scheue das Gemeine und Gewöhnliche am wirklichen Leben zu sehr.
Vor seinem Fenster ein Wiesental, darüber kühle Höhen mit dem Blick auf Frankfurt, drei kleine Stunden weit.
Kastanienblüten über dem frischen Gesträuch. Die Pappelallee, die Hecke am Garten des Adlerflychtschen Gehöfts.

Des Abends, Morgens waren dort wir,
redeten manches und sahn uns froh an.

Sagen, ich habe ja dich noch. Auch die Sinne gehören dazu. Eine Stunde des Wiedersehns genug.

Wem sonst
als
Dir

– Hier unsern Hyperion, verzeih mirs, daß Diotima stirbt, ich glaubte, es wäre der ganzen Anlage nach, notwendig. Du erinnerst dich, wir haben uns ehmals nicht ganz darüber einigen können. –
– Mit dem Lesen will es nicht recht gehen. Zu ernstem Nachdenken gehört wohl ein vollkommen ruhig Gemüt. Daß du deinen Hyperion auch einen Roman nennst, ich denk mir immer dabei ein Gedicht. –

Friedrich Hölderlin

Getuschter Schattenriß Hölderlins wohl 1797
mit Faksimile seines Namens

Sie spricht von ihrem Leben, ihrem Stübchen, wo sie arbeitet und näht und strickt, der Lärm der Kinder um sie, Henry, der schon gerne den Herrn spielt. Ich wünschte zu seinem Besten, daß er von hier fort käme, da man ihm zu sehr dient und schmeichelt. Sie wünscht seine Meinung dazu zu hören.
Sie haben jetzt einen Herrn Hadermann als Erzieher genommen, einen langweiligen religiösen Schwätzer.
– Könntest du nicht vielleicht auch in Zukunft junge Leute zum Unterricht zu dir kommen lassen? –
Sie sagt, ich möchte dir so gern etwas über deine künftige Bestimmung sagen. Du bist der Welt schuldig, zu geben, was dir verklärt in höherer Gestalt erscheint. Wenige sind wie du!
Der nächste Frühling wird uns hier wiederfinden, und der erste Gesang der neuen Lerche wird uns das Zeichen unserer näheren Vereinigung sein.
Es wird Herbst.
Geläutert ist die Traub und der Hain ist rot.
– Ich schreibe im Dunkeln, die Sonne und ihre Lichtstrahlen sind mir untergegangen. So ist wohl manches dunkel, bis unsere Sonne wieder scheint. –
Hölderlin schreibt:

Geh unter schöne Sonne, sie achteten
nur wenig dein ...

Er schreibt an seiner Elegie.

Leben will ich denn auch! schon grünen die Pfade der Erde.
schöner und schöner schließt wieder die Sonne sich auf.
... und all ihr

schönen Genien, die gerne bei Liebenden sind,
bleibet, bleibet mit uns …

Und von neuem ein Jahr unserer Liebe beginnt.

Die unsichtbaren Beziehungen dauern fort.

Ich ging zwei Tage nach deiner Abwesenheit noch einmal in dein Zimmer, wollte mich da recht ausweinen. Ich schloß deinen Schreibpult auf, fand noch einige Stückchen Papier, ein wenig Siegellack, einen kleinen weißen Knopf und ein hartes Stück Schwarzbrot. Trug alles wie Reliquien bei mir. Eine Schublade vom Commode war ins Schloß gesprungen, ich konnt sie nicht aufbringen.

Ihr weißes Tuch am Fenster. Seine Gestalt an einen Baum gelehnt.

Sie sehn sich in den ersten Maitagen des neuen Jahrhunderts zum letzten Mal.

Du seiest so allein in der schönen Welt,
behauptest du mir immer, Geliebter! das
weißt aber du nicht

9

Als man ihm sagt, Ihre Diotima muß ein edles Geschöpf gewesen sein, antwortet er erregt:
Ach, meine Diotima! Reden Sie mir nicht von meiner Diotima. Dreizehn Söhne hat sie mir geboren: der eine ist Papst, der andre ist Sultan, der dritte ist Kaiser von Rußland ...
Und wissen Sie, wie's noch gangen ist?
Närret ist sie worden, närret, närret, närret.

10

Alles fühl ich mit dir, dein Leid und die einsamen Tage. Meine Freundin, die ich liebte, die mir den Eintritt ins Leben erleichtern wollte, ist gestorben. Wollen meine Freunde auch von mir weichen?
Ach! in unliebender Welt, bald ist die Liebe allein!
Ja, antwortet Hölderlin, lieber Böhlendorff, wir haben ein Schicksal. Ich lebe indessen in meiner Vaterstadt. Es war mir nötig, nach manchen Erschütterungen und Rührungen der Seele mich festzusetzen, auf einige Zeit. Schreibe doch nur mir bald. Ich brauche deine reinen Töne. Die Psyche unter Freunden, das Entstehen des Gedankens im Gespräch und Brief ist Künstlern nötig. Sonst haben wir keinen für uns selbst. Doch gut ist ein Gespräch und zu sagen des Herzens Meinung, zu hören viel von Tagen der Lieb und Taten, welche geschehen.
Sinclair hat ihm nach Nürtingen geschrieben. Böhlendorff sei in Berlin, er bitte um Beiträge für sein Poetisches Taschenbuch, er lege den Zettel bei.
Böhlendorff. Hölderlin ist erregt. Ich habe dir lange nicht geschrieben, bin indes in Frankreich gewesen, kann ich wohl sagen, daß mich Apollo geschlagen.
Er sieht den Freund vor sich, er tritt mit Muhrbeck ins

Zimmer, sie kommen aus der Schweiz, das ist noch in Homburg, sie reden. Ein enger Weg führt in ein dunkles Tal, dahin hat ihn Verräterei gezwungen...

Ist das von Böhlendorff?

Wir haben ein Schicksal, sagt Hölderlin.

Böhlendorff ist jetzt Privatsekretär bei Woltmann in Berlin, Geschichte und Politik, eine Zeitschrift in der Ungerschen Buchhandlung, dazu Redakteur der Vossischen Zeitung an der Jägerbrücke, wohnt gleich um die Ecke, Mohrenstraße 22 am Gendarmenmarkt, lebt dort nicht vergnügt.

Er kann die Welt nicht objektiv nehmen, heißt es, und aus seiner Individualität nicht heraustreten, wenn es darauf ankommt. Mehr Phantasie als Verstand, hat Madame Unger über ihn schon das Urteil gefällt; auf die Damen in ihren Salons macht er keinen günstigen Eindruck; man sollte ihm sagen, daß er sich öfters rasieren und in Gesellschaft nicht mit der Tabakspfeife in der Tasche sich sehen ließe wie ein hallescher Student. Mich kann der Trödelmarkt der bunten Welt, in der es kein natürliches Glück gibt, nicht fesseln, höchstens unterhalten, sagt er; beim Disputieren kömmt ihm leicht der Ehrgeiz ins Spiel, spricht immer überhastet, nimmt dann die Partei der Schlegelschen Schule, schimpft auf Kotzebue, wirft gar sein Weinglas um in der Rage. Ein Redakteur für Berlin ist das nicht.

Er möchte entweder geliebt sein oder imponieren, sagen die Freunde. Seine Geschichte der helvetischen Revolution füllt fast zwei Hefte von Woltmanns Journal, Gedichte von ihm in der Zeitschrift Irene: Ist dieser dunkle Raum die Welt... Dazu noch Szenen aus einem historischen Schauspiel, jetzt das Poetische Taschenbuch für 1803, mit Gramberg zusammen. Er sagt, die Menschen hier wollten ihn zahm, er würde aber zeigen, daß er Charakter habe.

Das Leben muß entweder aus einem Stück bestehen, im Handeln, Reden, Denken und Dichten, groß, frei und wahr – und dennoch schön! oder es ist nichts wert, und der Mensch zum Sklaven nicht gebildet, sondern zum Sklav geboren. Solche Maximen. Seine Stücke, jedenfalls, sind nicht gespielt.

Nachklang des Wallenstein aus einem hohlen Faß, hat Goethe ihn abgetan. Und Schillern ist sein Stück ein Beleg, wie sich die hohlsten Köpfe einfallen lassen, etwas Scheinbares zu produzieren; wenn die Literatur auf einer gewissen Höhe ist, eine Phraseologie daraus zu ziehen. Sie sind sich darin wieder einmal einig.

Du bist auf gutem Wege, sagte ihm Hölderlin, der ihn versteht. Aber das Eigene muß so gut gelernt sein wie das Fremde. Deswegen sind uns die Griechen unentbehrlich. Nur werden wir ihnen gerade in unserm Eigenen, Nationellen nicht nachkommen, weil, wie gesagt, der freie Gebrauch des Eigenen das schwerste ist.

Wir wollen zusammenbleiben, Freund, antwortet Böhlendorff. Um mir eine Welt wiederzuerheben und sie der trägen, die mich umgab, entgegenzusetzen, zog ich die Griechen hervor.

Er schreibt seine Abenteuerlichen Briefe, die Wilmans jetzt in seinem Almanache druckt.

Einst, von der Spitze der Grimsel sah ich nach den Bergen, die mich von Italien trennten. Der Himmel schien blauer jenseits der Gipfel, und ich dachte lebhaft an das

Götterland, wo der Mensch aufblühte und groß ward. Ich stand da, unter rohen Steinklumpen, die ein trostloses Gebirg auswirft, umringt von Eismassen, die sich allmählich tiefer ins Tal verbreiten, und in der toten Wildnis war kein lebender Laut zu hören, als mein mir allein hörbarer Ruf: bilde diese Wildnis. Die Phantasie ergriff diesen Ruf, und kaum angefangen, stand das schöne Bild einer blühenden Landschaft vor mir da... O hätt ich immer gute Menschen um mich. Wir wollen zusammenbleiben mit den Unsern.

Der Fortschritt meiner Freunde ist mir ein so gutes Zeichen, sagt ihm Hölderlin. Wir haben ein Schicksal. Gehet es mit dem einen vorwärts, so wird auch der andere nicht liegenbleiben. Die Berühmten nur, deren Teilnahme mir armem Unglücklichen zum Schilde dienen sollte, diese ließen mich stehn.

Du weißt es.

Voß erzählt, daß sich Schiller vor Lachen kaum zu fassen wußte, als er ihm Hölderlins Übertragung des Sophokles vorlas. Schiller, der des Griechischen nicht mächtig war.

Mein Lieber, sagt Hölderlin Böhlendorff, ich denke, daß wir die Dichter bis auf unsere Zeit nicht kommentieren werden, sondern daß die Sangart überhaupt wird einen anderen Charakter nehmen, und daß wir darum nicht aufkommen, weil wir, seit den Griechen, wieder anfangen, vaterländisch und natürlich, eigentlich originell zu singen.

> ...Nämlich sie wollten stiften
> ein Reich der Kunst. Dabei ward aber
> das Vaterländische von ihnen

versäumet und erbärmlich ging
das Griechenland, das schönste, zu Grunde.

Die heimatliche Natur ergreift mich umso mächtiger, je mehr ich sie studiere, und das philosophische Licht um mein Fenster ist jetzt meine Freude; daß ich behalten möge, wie ich gekommen bin, bis hieher!

Schreibe bald. Lebe recht wohl.

Böhlendorff aber, ihm ist die Freundin gestorben, ist sehr allein auf dieser Erde.

Berlin ist mir nützlich gewesen, sagt er, aber auf gemeine Art. Bemüht, in einer bürgerlichen Stellung Fuß zu fassen, für die er wenig taugt, sieht er sich ungewollt im Mittelpunkt literarischen Streits.

Der Herr Böhlendorff da, der verdarb mir den Genuß. Die anderen Mitarbeiter gaben die Zuckerbrötchen und er die Wassersuppe, in der sie schwimmen. Ein Rezensent, verfaßt Briefe an ein Frauenzimmer über die wichtigsten Produkte der schönen Literatur, gewisser Merkel, verreißt in der Spenerschen Zeitung, dem Konkurrenzblatt, Böhlendorffs Poetisches Taschenbuch; spricht von Halbgedanken und Sinnlosigkeiten, schließlich, um die ganze Schlegelsche Richtung zu treffen, vom schönen Wahnsinn dieser Romantik. Böhlendorff, durch scharfe Urteile empfindlich, läßt sich blindlings auf einen offenherzigen Recurs ein, ist auf diesem Parkett keinem Gegner gewachsen, sieht sich bald verspottet, verhöhnt und verlassen; rückt schließlich, fast verzweifelt, eine Anzeige in die Vossische Zeitung ein: bemerkenswerte Andeutungen, welche sich in gewissen Blättern finden, bestimmen mich, bekannt zu machen, daß ich der Verfasser von folgen-

den schriftstellerischen Versuchen bin. Läßt seine Werke der Reihe nach anführen. Man hört das Gelächter in den Salons.
Du frägst mich, was ich gemacht habe?
Wenig, seit den Merkelschen Streitsachen, die der Nachricht vorhergingen, die ich spät und zufällig vom Tod meiner bremischen Freundin erhielt. Diese Nachricht wirkte allmählich wie eine totale Ermattung meines ganzen Wesens, ich weiß nicht wie. Ich habe immer fortgearbeitet, mehreres für Woltmann, das mich unterhalten hat, aber es ist nicht wie vormals.
Morgen wird mein Lied verwehn... Das geschmähte Gedicht. Im Juni 1803 flieht Böhlendorff aus der Stadt, verbittert über die Berliner, denn sie raisonnieren bloß über sich selbst, philosophieren nie, haben keinen Charakter, wissen ihr Talent nur zu berlinischen Zwecken zu gebrauchen, ich fand da kaum einen Freund, mein Schicksal hängt dunkler als jemals über mir. Findet seitdem keine Zuflucht mehr, sagt, ich stehe am Rande eines freiwilligen Verderbens. Und meine Kunst – denn alles sinkt dahin...
Ich weiß nur, was ich davon fühle. Die Quellen sind mir verborgen. Wohin ich von hier kommen werde, weiß ich nicht.
Ein Platz zur Arbeit – Einsamkeit – Tod, das sind meine Wünsche. Vergeßt mich nicht.
Mir gefällt das stille Leben,
aber mich verfolgt der Sturm.
Sie haben ein Schicksal.
Hölderlin wandert denselben Frühling, querfeldein wie durch Instinkt geführt, zu Fuß zum Kloster Murrhard,

um dort Schelling zu treffen. Es war, sagt der, ein trauriges Wiedersehn, denn ich überzeugte mich bald, daß dieses zart besaitete Instrument auf immer zerstört sei. Aber habe an ihm erfahren, wie groß die Macht angeborner, ursprünglicher Anmut ist. Während der sechsunddreißig Stunden hat er nichts Unschickliches, nichts seinem früheren, edlen und anstandsvollen Wesen Widersprechendes getan noch geredet.

Wie aber Liebes? Sonnenschein
am Boden sehen wir und trockenen Staub
und heimatlich die Schatten der Wälder ...

Er spricht noch mächtig Verse. Was bleibet aber, stiften die Dichter.

Böhlendorff kommt im gleichen Jahr zurück in seine kurländische Heimat. Er nimmt in Riga eine Hofmeisterstelle, verläßt sie schon nach Tagen, zieht ruhelos umher, dorthin wo ihn niemand mehr kennt. Daß es gottlos ist und rasend, einen Weg zu suchen, der vor allem Anfall sicher wäre, und daß für den Tod kein Kraut gewachsen ist.

Grüß unsern Muhrbeck. Er erhält sich gewiß. Verzeih mir den Undank. Ich hatte euch erkannt, aber doch durch eine gelbe Brille. Wo wirst du künftig bleiben, mein Böhlendorff?

In Warschau greift man den Umherirrenden ohne Paß auf und bringt ihn als Arrestanten nach Mitau zurück. Wandert seitdem in Kurland von Pastorat zu Pastorat, das über einundzwanzig Jahre; notdürftig gekleidet, fiel er jedem zur Last, den er heimsuchte. Singt aber Lieder. Schreibt Poesien.

Im Mitauischen Intelligenzblatt bietet er seine früheren

Schriften zum Verlag an. Bittet, wegen seines ökonomischen Unvermögens, um einen Creditbrief, aber das ist bekannt. Zukunft hat der Arme nicht mehr, wünscht sich mehrfach den Tod, taucht wieder auf zwischen den Wiesen, singt:

Und die Hoffnung schreib mir immer
auf ein schwarzes Blatt, so leuchtet
mattes Silber an den Särgen –
man versenkt sie in die Nacht.

Im Jahre 1817 ist er auf dem Wege nach Rußland.
Der Dichter Shukowski, der in Dorpat lebt, gibt ihm ein Schreiben mit an A. I. Turgenjew:
Da schick ich dir einen Sonderling, einen Poeten, einen Vagabunden, ein Kind, einen Greis. Er durchwandert die Welt und beschreibt seine Wanderungen in Versen. Niemals hat er einen Groschen; seine ganze Garderobe, zwei Röcke, zwei Westen, zwei Hosen mit einer großen Tabakspfeife in der Tasche, hat er stets am Leib. Alle seine Werke trägt er unterm Hemd, was nicht hineingeht, wird verbrannt.
Er will auf Subskription seine Lieder herausgeben, Preis: 1 Silberrubel. Such ihm ein paar Subskribenten zusammen, damit er in Petersburg was zu essen hat. Im Allgemeinen enthalten seine Verse viel Schönes, freilich auch viel Ungehöriges. Er selbst ist eine ungewöhnliche Erscheinung auf der Welt.
Hat bis auf den heutigen Tag noch nicht angefangen, an den morgigen Tag zu denken. In fünfzehn Jahren hat er etwa zwanzigtausend Werst zu Fuß durchwandert. Wo er in Petersburg absteigen wird, weiß ich nicht. Wenn er etwas braucht, so hilf ihm.

Böhlendorff.

Wo wollen wir bleiben?
Der Fels ist zu Weide gut,
das Trockne zu Trank.
Das Nasse aber zu Speise.
Will einer wohnen,
so sei es an Treppen,
und wo ein Häuslein hinabhängt,
am Wasser halte dich auf.
Und was du hast, ist
Atem zu holen...

Man trifft ihn zuletzt auf dem Gute Marggrafen beim Pächter Redlich. Er unterrichtet die Kinder in deutschem Stil und mehreren Sprachen, arbeitet Gebete für sie aus; sagt, um die Lesung des Virgil vorzubereiten, habe ich die Äneis übersetzt.

Er bereitet zwei Manuskripte zum Druck vor: Marionetten, Gedichte, auf Unkosten des Verfassers, und das Puff- und Modejournal eines Unschuldigen, geschrieben im Jahre 6341, Verlagsort: im Horazischen Städtchen unter der Erde.

Er wendet sich um Ostern in einem Schreiben an Seine Majestät König Friedrich Wilhelm III. von Preußen.

Sire! Ein Kind ist mehr als ich. Ew. Majestät fleht um die Gestattung, bei Ihrem Herrn Professor Herbart in Königsberg noch etwas Männerehre zu gewinnen, dem Berlin im Jahre 1803 ein gastfreundliches Jahr gestattete. Das alte Schauspiel Schillers, die Räuber in Jamben neu disponiert, bittet er um Allerhöchste Erlaubnis, Ew. Majestät untertänigst dedizieren und in Königsberg drucken zu dürfen.

Schattenriß von Casimir Ulrich Böhlendorff (1775–1825) mit Faksimile seines Namenszuges

Sire! Der Männer Ehre ist ein männlicher Tod.

Böhlendorff. Und nun leb wohl, mein Teurer. Ich bin jetzt voll Abschied. Wenn du an mich schreibst, so adressiere den Brief an Kaufmann Landauer in Stuttgart. Schreibe mir auch deine Adresse.

Böhlendorff nahm sich am 10. April 1825 morgens um 6 Uhr durch einen Pistolenschuß das Leben. Als Redlich rief: Böhlendorff, was hast du getan?, sagte der Unglückliche:

Ich hab es nicht so gemeint. Ich kenne, was ich liebe, darf es aber nicht nennen.

Er verschied noch denselben Tag.

Wie bist du so allein geblieben
unter den Nebeln der östlichen Nacht?
Deine Liebe starb, du wandelst
ein Genosse des Traums am Seegestade,
der Kiebitz flattert über dem verlassenen Ufer
und meldet sein Leid:
Der Jäger hat mein Junges entfremdet ...

11

Seit Jahren geht er so den ganzen Tag in seinem Zimmer auf und ab. Bei Nacht steht er oft auf, wandelt im Haus umher, geht auch zur Tür hinaus, kehrt früh wieder heim.

Der Tischler Zimmer reicht ihm einmal ein Buch, das ihm die Mutter geschickt. Er nimmt es, blättert ohne Teilnahme darin, liest unter dem Titel den Namen Böhlendorff, sagt, ach, der gute, ist früh gestorben. Es war ein Kurländer. Ich habe ihn in Homburg gekannt. Es war ein recht guter Freund von mir.

12

Leicht zerstörbar sind die Zärtlichen.
Von Statur sechs Fuß hoch, braunen Haaren, hoher Stirne, braunen Augen, gerader Nase, rötlichen Wangen, schmalen Lippen, braunem Bart, rundem Kinn, länglichem Angesicht, breiten Schultern und ohne Gebrechen, 32 Jahre alt.
Vom herzoglich-württembergischen Oberamt Nürtingen werden hiermit alle Zivil- und Militärobrigkeiten ersucht, den Vorzeiger dieses, Herrn Magister Hölderlin, gebürtig von Lauffen, der des Vorhabens ist, den 29. September 1802 von Nürtingen durch Blaubeuren und Ulm nach Regensburg zu gehen, ungehindert hin und her reisen zu lassen.
Nach Regensburg zur Reichshauptdeputation, da Sinclair, der ihn mit sich nimmt, um den Bestand der Landgrafschaft Hessen-Homburg verhandelt, ohne rechten Erfolg.
Hölderlin ist heiter und offen, plötzlich wieder düster und wortlos, er befremdet, die ihn so sehn.
Nur Symptome, die niemand beurteilen kann, als wer die vielen und großen Ursachen kennt, die ihn auf den Punkt gebracht haben, wo er ist, sagt Sinclair.

Mit den deutschen Abgesandten ist kaum ein vertrauliches Wort zu wechseln. Die Franzosen geben sich steif oder diplomatisch glatt. Man will nichts als Geld und Geld.

Von den Bekannten aus den Tagen zu Rastatt begrüßen sie Horn, der jetzt für die Stadt Bremen spricht, Horn, ein echt-gebildeter Mensch mit tiefem Gefühle, der sich aus den Tragödien des Sophokles deklamieren läßt, Übertragungen, an denen Hölderlin arbeitet.

Seht, ihr des Vaterlands Bürger, den letzten Weg gehn mich, und das letzte Licht anschaun der Sonne ...

Die Art des Hergangs in der Antigonä ist die bei einem Aufruhr, sagt Hölderlin heftig, wo es, sofern es vaterländische Sache ist, darauf ankommt, daß jedes, als von unendlicher Umkehr ergriffen, und erschüttert, in unendlicher Form sich fühlt, in der es erschüttert ist. In einer solchen Veränderung ist alles bloß Notwendige parteiisch für die Veränderung. Die Vernunftform, die hier tragisch sich bildet, ist politisch, und zwar republikanisch, weil ... Er bricht verstört ab.

Die Freiheitsfreunde in Württemberg, wie der Landschaftsassessor Baz, stehen noch immer unter Hausarrest; die einfachsten Begriffe, Grundsätze und Formen von Recht wurden zernichtet. Der Herzog, der seine Untertanen wie Neger auf dem britischen Markte feilbot, paktiert jetzt mit den Franzosen, der Despot, den man zum Kurfürsten krönt: menschlicher denn gegen sein Land ist dieser Friedrich II. gegen sein Gewild.

Weh! närrisch machen sie mich, schreit Antigonä. Unbeweinet und ohne Freud' und ehlos werd ich Trübsinnige geführet diesen bereiteten Weg ...

Ich kann es nicht denken, sagt Sinclair, daß eine eigentliche Gemütsverwirrung bei meinem teuren und lieben Freunde statthabe, war beinah der einzigste, der ihn nicht für das hielt, wofür ihn die dortigen Ärzte ausgaben. Kann mit Wahrheit behaupten, daß ich nie größere Geistes- und Seelenkraft als damals bei ihm gesehen. Glaube aber in der Tat, daß es ihm äußerst schmerzlich sein muß, so beurteilt zu werden. Ist er doch ein viel zu fein fühlendes Wesen, als daß er nicht auch das geheimste Urteil, das man über ihn fällt, im Innern des Herzens lesen sollte. Um wie bekümmerter muß dieses ihn machen.

Von den Freunden aus früherer Zeit sehen sie keinen. Jung, heißt es, hat seinen Dienst in Mainz quittiert. Kämpff sich als Klosterpfleger nach Eßlingen zurückgezogen, lebt dem stillen furchtbaren Gefühl der Schmach.

In Regensburg begegnet Hölderlin dem Landgrafen Ludwig von Hessen-Homburg, der ihn zu sich einlädt. Er tritt ihm nahe, wie vordem nie. Der Landgraf, der zuvor schon Klopstock um eine geistliche Ode gebeten, die biblische Verkündigung noch einmal der kalten Vernunftreligion der Zeit entgegenzustellen. Hölderlin widmet ihm die Hymne Patmos, das merkwürdigste, aber auch zerstörteste unter seinen Gedichten, mit schlagenden Pulsen und verhallenden Worten, er schreibt es wieder und wieder um.

Wenn aber einer spornte sich selbst,
und traurig redend, unterweges, da ich wehrlos wäre,
mich überfiele, daß ich staunt und von dem Gotte
das Bild nachahmen möcht ein Knecht –

Der Winter, der uns trennt, soll schnell vergehen, schreibt ihm Sinclair von Homburg nach Nürtingen, wo er wieder im Hause der bänglichen Frauen lebt, die nicht imstande sind, ihn zu unterhalten, gar zu zerstreuen, auch auf das dringende Einladen seiner Freunde mit niemand in Umgang, sich selbst überlassen, durch Arbeit öfters sehr angestrengt, wenig Bewegung, Gedichte schreibt, die er Nachtgesänge nennt.

Sind denn dir nicht bekannt viele Lebendigen?
Geht auf Wahrem dein Fuß nicht, wie auf Teppichen?

Er schreibt Mut des Dichters, schreibt Dichtermut. Sagt, wir, die Sänger des Volks, gerne bei Lebenden. Sagt, wir, die Zungen des Volks, jedem offen. Verwirft Dichtermut. Schreibt Blödigkeit. Nennt so die Angst, die Beklommenheit, die ihn ganz überkommt, spricht selbst sich Mut zu auf diese verkehrte Weise, fällt selbst sich von nun an ständig mit wenn und aber ins Wort.

Gut auch sind und geschickt zu einem etwas wir,
wenn wir kommen, mit Kunst, und von den Himmlischen
einen bringen. Doch selber
bringen schickliche Hände wir.

Jede Beziehung mit andern Menschen und Gegenständen nimmt mir gleich den Kopf zu sehr ein, ich habe dann Mühe wieder davon weg und auf etwas anderes zu kommen. Schreibst du mir, so tönt es so lange nach, bis ich mich mit List oder Gewalt zu etwas andrem bringe; ich bin ein schwerfälliger Schwabe.

Er schrieb es an einen, den er lieber Bruder nennt, von dem aber kein Brief mehr kommt.

Der nämlich stürzt sich in jenem November aus einem Fenster des Würzburger Julius-Hospitals auf die Straße hinunter, wird, noch lebend, wieder zu Bett gebracht, verweigert jede Nahrung, bis er den siebzehnten des Monats stirbt. Friedrich Emerich, keine dreißig Jahre alt. Archenholz berichtet in seiner Minerva davon.

Du hast mich noch freundlich genug über mein Stillschweigen zurechtgewiesen, lieber Bruder, und ich bitte dich für nun und immer, daß du mir es nie mißdeutest.

Sie treffen sich zuerst in Mainz, Tage des Juni, Hölderlin war von Homburg herübergekommen. Jung, dort Bürochef der französischen Stadtverwaltung, macht sie bekannt.

Emerich, Sohn eines Kammergerichtsadvokaten aus Wetzlar, juristischer Praktikant, der sich nicht wie der unglückliche Werther wegen einer Jugendliebe erschießt, sondern, schon 96, die Heimat mit den Truppen des Generals Jourdan verläßt, sich den Republikanern vereinigt, im Geniekorps unter Hoche gegen die neukoalisierten Könige zieht und als Sekretär im Stabe General Levals dann in das jakobinische Mainz kommt.

Man liest seine Briefe eines Marseillers, sagt Jung, verfaßt auch Gedichte; sie werden Freunde.

Aber im Ernste, Lieber, du mußt, wenn eine größere Laufbahn dich nicht haben will, mit der Poesie rechten Ernst machen, sagt ihm Hölderlin.

Er versucht in eines der Gedichte, die Neuffer in seinem Taschenbuch für Frauenzimmer druckt, etwas mehr Einfachheit und Harmonie zu bringen. Hölder-

lin ist dem Jüngeren nah, sieht bei ihm Fülle von Kraft und Stoff, Künstlersinn, der ihm als ein redlicher Waffenträger dient. Aber auf der einen Seite wechseln die Töne nicht genug, auf der anderen stimmen sie nicht zu einem charakteristischen Ganzen zusammen. Mehr oder weniger das Schicksal namhafter Dichter unserer Zeit. Ganz sicher bist du deiner Sache denn doch nicht? Du mußt mit der Poesie Ernst machen.
Er sendet ihm seinen Hyperion.
Ein jeder treibt das Seine, wirst du sagen und ich sage es auch. Nur muß er es mit ganzer Seele treiben, muß nicht jede Kraft in sich ersticken, mit Ernst, mit Liebe, muß er das sein, was er ist. Deine Deutschen aber bleiben gerne beim Notwendigsten, und darum ist bei ihnen auch so viele Stümperarbeit und so wenig Freies, Echterfreuliches.
Ich kann kein Volk mir denken, das zerrißner wäre, wie die Deutschen. Handwerker siehst du, aber keine Menschen, Denker, aber keine Menschen ...
Emerich, getroffen, antwortet, daß ihn der zweite Teil des Hyperion entzückt habe. Das Urteil aber über die Deutschen, er sagt Urteil, habe ihn empört.
Er sieht, was in Mainz um ihn vorgeht, das schreiende Unrecht, Willkür und Gewinnsucht, die Apathie des Volkes, alles unter der Trikolore, der Fahne der Republik. Dies muß die Leute, mit ihren Rechten unbekannt, schüchtern und mißtrauisch machen. Er will dem eitlen Schicksal die Brust bieten, legt sein Amt bei der Municipialverwaltung nieder, schreibt für Journale.
Mein Glück, sucht Hölderlin ihn zu besänftigen, war, daß ich sah, wo ich war, und deswegen meinen Stoff da-

nach einrichtete und wählte. Darf zu meiner Entschuldigung sagen, daß ich bei aller scheinbaren Unbedachtsamkeit, mit der meine bisherigen Arbeiten geschrieben sind, doch sehr bedächtig zu Werk ging, und daß nicht sowohl die Schuld an mir liegt, als in den Einseitigkeiten unsers neuesten Geschmacks, wenn ich wirklich im Zorn und hiemit etwas revolutionär verfuhr.
Von Emerich aber gibt es keinen Brief mehr.
Der will sich nicht mit Poesien begnügen, o das kunstlose Lied der Rebengänge, treibt das Seine mit ganzer Seele und ohne Mäßigung, seine Antwort ist immer: Es ist alles Wahrheit, was ich sage. Ich fürchte mich nicht. Der unglückliche Emerich.
Seit dem Herbst 1801 erscheinen in Cottas Allgemeiner Zeitung, in den Europäischen Annalen, schließlich in Archenholzens Minerva die Artikel eines Unbekannten über den gegenwärtigen Zustand der deutsch-französischen Rheinländer, Briefe, die so viele, von Unterbeamten und ihren Beschützern begangene Abscheulichkeiten aufdecken.
Die Regierungsform in den französischen Rheinländern ist die prokonsularische. Das Zepter jetzt in Händen von Jollivet, Notar seines Handwerks, sein Herz hüpft, wenn er sich die Titel Staatsrat und General-Commissar zulegen darf. Im Grunde nur ein Finanzier, Cameralist mit beschränktem Blick, mit kleinlichem Verdacht, kleinlichen Mitteln.
Weitzel bat ihn um die Erlaubnis, sein Journal drucken zu dürfen. Jollivet antwortet: Sie können meinetwegen jeden Tag ein Werk schreiben. Ich gestatte nicht, daß Ihr Blatt in den vier Departementern herauskommt.

Eine solche Antwort, aus dem Munde eines deutschen Fürsten, wäre vor Jahren die Sturmglocke für alle Journalisten gewesen, schreibt Emerich und dazu: So leicht kann sich keine Stimme gegen so viele Bedrükkungen erheben. Denn die Revolution hat so viele Namen hinterlassen, welche die Verfolgung ohne weiteres rechtfertigen. Den einen nennt man einen unruhigen Kopf, einen Terroristen, einen Feind jeder Regierung. Er ist im Begriffe, im Solde von England an einer deutschen Republik zu arbeiten, damit dann der ganze Kontinent losbreche ... In der Angst lege ich die Feder nieder.

Kaum sind die ersten Briefe Emerichs bekannt, fahndet man in Mainz nach deren Verfasser, beschlagnahmt Korrespondenzen, läßt Verdächtige einvernehmen.

Emerich, unerschrocken, geißelt die drückenden Zölle – die Tagesblätter geben ganz und gar keinen Aufschluß über den Geist der Regierung und des Volkes – schildert den Schmuggel über den Rhein – schade, daß wir so wenig Karikatur-Zeichner haben – verurteilt das drückende Steuersystem und die harten Auspfändungen: Aus der Rheinpfalz, wo die Republik die wärmsten Anhänger hatte, emigrieren die Landleute.

Archenholz tadelt die derbe Art Emerichs, läßt an seiner Wahrheitsliebe keinen Zweifel, geht die französischen Beamten um Berichtigung an. Statt dessen wird sein Blatt in den Rheindepartements verboten.

Emerich, beargwöhnt seit langem, wird verhaftet, seine Papiere werden versiegelt; Jung, einer der Polizeikommissare zu Mainz, kann dem Freunde nicht beistehn, demissioniert.

Zu einer Untersuchung kommt es nicht. Polizeiminister Fouché in Paris deckt seine Untergebenen, läßt den Unbequemen kurzerhand über die Rheinbrücke nach Kastel deportieren, der sei britischer Agent.
Man stelle sich die Lage eines Menschen vor, sagt Archenholz, der den Oberkonsul Bonaparte abgöttisch verehrte und der nun, ungehört und unschuldig, aus seinem neuen Vaterlande als ein Verbrecher herausgeworfen wurde.
Im Zorne aber reinigt sich der Gefesselte nun.
Emerich, tobend, wird in Ketten gelegt, rast wie in Anfällen. Man ist im Falle, mich füsilieren zu können, ruft er.
Freigelassen, läuft er panisch nach der Rheinbrücke, wenn ihn nur jemand scharf ansieht, glaubt sich ständig verfolgt. Wird nach Wetzlar gebracht in das Haus seines Vaters, dann nach Würzburg ins Hospital. Er starb als ein Märtyrer der Wahrheit und erlebt das von ihm gehoffte goldene Zeitalter nicht:

Ach, die kranke Natur. Sie starrt ihr Grab an!
Die Dryade, gelehnt am Stamme, weinet,
und die Flügel des Nordwinds rauschen scharf und dunkel vorüber.

Hölderlin, einsam in Nürtingen, will nichts sehen und hören. Solang ich für meine Freunde und alles andre, was mich angeht, mich nicht leichter interessiere, als jetzt der Fall ist, so lange werd ich wohl aus dem natürlichen Instinkt, noch bei mir selber zu bleiben, immer etwas spröde tun müssen. Du glaubst nicht, wie sehr ich von jeher hierin meine Not hatte.
Das schrieb er an Emerich.

Wahrscheinlich arbeitest du den ganzen Tag und die halbe Nacht, daß du so gar keine Kunde von dir gibst, mich sogar nicht besuchst, klagt ihm Landauer aus Stuttgart.
Schelling, der ihn im Sommer 1803 sieht, ist erschüttert von seinem Anblick, meint, er ist am Geist ganz zerrüttet, hierzulande ist keine Hoffnung ihn herzustellen; fragt Hegel in Jena, ob der sich seiner annehmen wolle.
Hölderlin aber, er geht oft ganze Tage aufs Feld, kommt ermüdet nach Hause, hat seine Heftigkeit beinah verloren, antwortet auf Briefe nicht mehr, lebt ganz in den Übersetzungen des Sophokles, schreibt größere Gedichte, sagt, übrigens sind Liebeslieder immer müder Flug, ein anders ist das hohe und reine Frohlocken vaterländischer Gesänge, wirft Zeilen aufs Blatt, setzt neue Zeilen dazwischen, daß die Erde sich in gutem Gleichgewicht gegen den Himmel verhält, daß auch das Licht, welches dieses Gleichgewicht in seinem besonderen Verhältnis bezeichnet, nicht schief und reizend täuschend sein muß. Es kommt wohl sehr viel auf den Winkel innerhalb des Kunstwerks und auf das Quadrat außerhalb desselben an.
Eines der Gedichte beginnt:

> Ein Zeichen sind wir, deutungslos,
> schmerzlos sind wir und haben fast
> die Sprache in der Fremde verloren.

13

Es ist ihm noch gegeben, einen Satz hinzuschreiben, der etwa das Thema sein kann, ein Satz klar und richtig. Allein, wenn er ihn durchführen, ausarbeiten, entwickeln soll, den ergriffenen Gedanken gleichsam wieder zu erzeugen, gehen statt eines Fadens ihrer so viele durcheinander und verlieren sich wüst wie in einer Spinnweb.
Kommt er mit Menschen zusammen, so erscheinen die verschiedensten Motive, die ihn so unzugänglich und unverständlich machen. Er trifft sich in der Verlegenheit antworten zu müssen, mag nicht denken, versteht nicht, was man ihm sagt, weil er es nicht beachtet, fertigt den Gesellschafter mit Unsinn ab. Nun aber sind ihm noch eine Menge sublimer Gedanken im Kopf, es ist ihm ferner ein Sinn für poetischen Anstand, für originellen Ausdruck geblieben. Der äußert sich dunkel und höchst abenteuerlich.

Wenn aus dem Leben kann ein Mensch sich finden,
und das begreifen, wie das Leben sich empfindet,
so ist es gut; wer aus Gefahr sich windet,
ist wie ein Mensch, der kommt aus Sturm
und Winden.

Seine körperliche Verfassung ist dergestalt zerstört, daß er andere Nerven bekommen müßte, um den Geist von seinen Fesseln zu befreien.

Eine ungemeine Freude hat man ihm gemacht, daß man ihm ein kleines Sofa in sein Zimmer tat. Er verkündet es mit einem kindischen Entzücken:

Sehen Sie, gnädiger Herr, nun hab ich ein Sofa.

Im Sommer plagt ihn die Unruhe oft, daß er nächtelang im Haus auf und ab geht.

Einmal, als man ihm sagte, man werde verreisen, ihn scherzhaft einlud, doch Reisegefährte zu sein, lächelt er so liebenswürdig, als nur ein Weiser lächeln kann, sagt:

Ich muß nun zu Hause bleiben und kann nicht mehr reisen, gnädiger Herr.

Lädt man ihn ein, mit in den Wirtshausgarten zu gehen, wo ein Weinschank ist, trinkt er männlich. Auch das Bier schmeckt ihm, er verträgt mehr, als man glauben will, fühlt sich ganz behaglich.

Womit man ihn am meisten vergnügt, das ist ein Gartenhaus auf dem Österberg mit Aussicht über die am Schloßberg emporgelagerte Stadt, die Krümmung des Neckar, grüne freundliche Täler, lachende Dörfer und die Kette der Alb.

Da also ists, wohin man ihn jede Woche einmal hinaufführt. Oben angelangt, ins Zimmer tretend, verneigt er sich jedesmal, empfiehlt sich unserer Gunst und Gewogenheit.

Womit er viel zu schaffen hat, das ist das pantheistische Ein und All, mit großen griechischen Charakteren an die Wand geschrieben Εν και Παν

Das geheimnisvolle, vielbedeutende Zeichen anschauend, spricht er lange mit sich selbst, einmal sagt er: Ich bin nun orthodox geworden, Eure Heiligkeit. Nein. Nein. Ich studiere gegenwärtig den dritten Band von Herrn Kant, beschäftige mich viel mit der neuern Philosophie.
Man fragt ihn, ob er sich Schellings entsinne. Er sagt: Ja, er hat mit mir zu gleicher Zeit studiert.
Er erinnert sich Matthissons, Schillers, Lavaters, Heinses und vieler anderer. Goethes nicht.
Im Gartenhaus oben öffnet er das Fenster, setzt sich in seine Nähe und fängt an in recht verständlichen Worten die Aussicht zu loben. Überhaupt ist es besser mit ihm, wenn er im Freien ist.
Man versorgt ihn mit Schnupf- und Rauchtabak, an denen er seine große Freude hat. Wenn man ihm gar die Pfeife füllt, ihm Feuer macht, lobt er den Tabak, ist vollkommen zufrieden, hört auf zu sprechen, verhält sich ruhig.
So läßt man ihn am besten.

14

Jetzt genieß ich den Frühling.
Ich lebe auf einem Gartenhause, auf einem Berge, der über der Stadt liegt, und wovon ich das ganze herrliche Tal der Saale überschaue. Es gleicht unserem Neckartale in Tübingen, nur daß die jenischen Berge mehr Großes und Wunderbares haben.
Ich komme beinahe gar nicht unter die Menschen.
Hölderlin hofft einen Sommer wenigstens ganz in Ruhe und Unabhängigkeit zu leben. Für das erste Bändchen meines Romans hat mir Cotta in Tübingen 100 Gulden bezahlt. Schiller hat mich veranlaßt, Ovids Phaeton in Stanzen für seinen Almanach zu übersetzen, man ist nicht so in Leidenschaft, wie bei einem eigenen Produkt. Schiller sagte mir, ob ich nicht das und das für die Horen, sein Journal, ausarbeiten möchte, von vier Bogen könnt ich bequem ein halbes Jahr leben.
Zu Ende des Winters war ich gar nicht gesund, packte mich immer wohl ein während der Kälte, um nicht so viel Holz zu verbrauchen, liebe Mutter, ich will alles tun, um ihr nicht lästig zu werden, lebe deswegen auch sehr sparsam, esse des Tags nur einmal, denke bei einem Kruge Bier an unsern Neckarwein und die schö-

nen Stunden, die ihn heiligten. Ich bin jetzt in einer Periode, die auf mein ganzes künftiges Leben wahrscheinlich sehr entscheidend ist. Jetzt haben wir heitere Tage.

Hölderlin hat die quälende Hofmeisterstelle bei Frau von Kalb aufgegeben, lebt in einem Gartenhause über Jena, Sinclair kommt, sieht in ihm das strahlend liebenswürdige Vorbild, nennt ihn seinen Herzensfreund.

Ich habe Ursache mich darüber zu freuen, weil ich hier bin. Muß mir heraushelfen aus Dämmerung und Schlummer, halberstorbene Kräfte sanft und mit Gewalt wecken und bilden, wenn ich nicht am Ende zu einer traurigen Resignation meine Zuflucht nehmen soll, wo man sich mit andern Unmündigen und Unmächtigen tröstet, die Welt gehen läßt, wie sie geht, dem Untergange und Aufgange der Wahrheit und des Rechts, dem Blühen und Welken der Kunst, dem Tod und Leben; wo man dem allen aus seinem Winkel mit Ruhe zusieht, und wenns hochkömmt, den Forderungen der Menschheit seine negative Tugend entgegenstellt. Lieber das Grab als diesen Zustand.

Fichte ist jetzt die Seele von Jena.

Er hört ihn alle Tage. Anfangs hatt ich ihn sehr in Verdacht des Dogmatismus, sein absolutes Ich enthält alle Realität, ein Bewußtsein ohne Objekt ist aber nicht denkbar.

Es ist im Menschen ein Streben ins Unendliche, eine Tätigkeit, die ihm schlechterdings keine Schranke, keinen Stillstand möglich werden läßt. Aber auch die Beschränkung dieser Tätigkeit ist einem Wesen, das Bewußtsein hat, notwendig, sonst wäre diese Tätigkeit alles, und außer ihr wäre nichts, wir hätten kein Bewußtsein. Habe ich mich deutlich gemacht?

Schiller nimmt sich meiner wahrhaft väterlich an, sagt mir: Wir müssen sehen, wie wir es machen, daß Sie Ihrer Familie so wenig als möglich lästig sind.

Schiller, der Hölderlins Hyperion dem Verleger Cotta empfiehlt, er rechne auf Hölderlin, denn er ist sehr fleißig und an Talent fehlt es ihm gar nicht, einmal in der literarischen Welt etwas Rechtes zu werden.

Wahrscheinlich laß ich mich nächsten Herbst, wenn ich hier bleibe, examinieren? Das ist die einzige Bedingung, die mir die Erlaubnis gibt, Vorlesungen zu halten. Ich finde, daß man sehr glücklich sein kann bei eingeschränkten Verhältnissen, und wir leben ja, nicht um zu glänzen, wir leben, um wohl zu tun. Lieber, wir wollen uns durch keine Not der Welt aus dem Wege treiben lassen, den uns unsere Natur wies. Könnten wir doch ewig jugendlich bleiben, Neuffer, lieber Bruder, du fragst mich. Hier lassen mich die Mädchen eiskalt. In Waltershausen, bei Frau von Kalb, hatt ich im Hause eine Freundin, eine junge Witwe aus Dresden, die jetzt in Meiningen Gouvernante ist, ein äußerst verständiges, festes und gutes Weib.

Das ist die Marianne Kirms. Im Juli dieses Jahres 1795 gibt sie einer Tochter das Leben, nennt keinen Vater des Kindes, das auch schon im folgenden Sommer stirbt. Von der Frau ist nichts mehr bekannt.

Eine Dame von seltenem Geist und Herzen, spricht Französisch und Englisch, hat die neuste Schrift von Kant bei mir geholt. Übrigens hat sie eine sehr inter-

F. Hölderlin als Magister

Getuschter Schattenriß Hölderlins als Magister mit Faksimile seines Namens 1790

essante Figur. Es ist sonderbar – ich soll wahrscheinlich nie lieben als im Traume.
War das nicht bisher mein Fall?
Lieber Neuffer, dein gutes edles Mädchen! Ich begreif den Tod nicht. Ich tappe herum wie ein Blinder, und soll dem leidenden Bruder ein Licht zeigen, das ihn erfreute in seiner Finsternis. Wir gehn nun beide so verarmt in der Welt herum, wir haben beide nichts, als was wir uns sind, außer dem, was eine bessere Welt in und über uns ist.
Ich komme bald.
Ich lebe jetzt in einem Gartenhause.
Das Tal gleicht unserm Neckartale in Tübingen. Die schönen Stunden. Könnten wir doch ewig jugendlich bleiben. An Rheinwein gebrachs nicht. Sie sangen Lieder.
Schillers Lied an die Freude haben sie auf den Punsch aufgespart. Neuffer ist eingeschlafen, als Magenau mit der dampfenden Bowle zurückkommt. Hölderlin steht in der Ecke und raucht. Das Lied soll beginnen, aber Hölderlin begehrt, daß sie sich erst an der kastalischen Quelle von allen Sünden reinigen – der Philosophenbrunnen unweit vom Neckartor war Hölderlins kastalischer Quell. Sie gehen durch den Garten, waschen Gesicht und Hände, feierlich Neuffer, Hölderlin sagt: Dies Lied von Schiller darf kein Unreiner singen! Freude trinken alle Wesen. Er hebt den Becher zum Fenster hinaus gen Himmel, brüllt: Dieses Glas dem guten Geist! Daß das ganze Neckartal widerschallt.
Tübingen ist nicht empfänglich für die Gesänge der Dichtkunst, ihre Kunst nicht selten dem Gespött preis-

gegeben. Nur ein edler Eifer arbeitet sich die Wespenschwärme der Torheit hindurch. Donnerstags, einmal wöchentlich, bei einem Becher Wein oder Bier, versammeln sich die Freunde, Magenau, Hölderlin, Neuffer, da muß ein jeder ein Gedicht seiner Muße vorlesen; an heiteren Tagen im Garten des Lammwirts, ein niedliches Gartenhäuschen am Österberg, Blick auf die am Schloßberg emporgelagerte Stadt.

Unser Herz hält die Liebe zur Menschheit nicht aus, wenn es nicht auch Menschen hat, die es liebt. Wie oft sagten wir uns, daß unser Bund ein Bund sei für die Ewigkeit?

Wenn wir des Abends so traulich uns niedersetzten auf einem kühligen Mooshügel im Wankenheimer Tälchen, rings umtanzt von dem liederreichen Volke des Wäldchens, oder hinab uns stürzten im Mondenschein in die spiegelhellen Fluten des Neckar.

Wer mißt die Freude, die sie beglückte?

Nur hier und da erschallt der Ochsenstall von Holzens centaurähnlichem Poeten-Schritt, wenn allenfalls aufs
Wörtchen Fluchtal
der schwere Reim ihm noch gebricht...

Im Ochsenstall, dem großen Schlafsaal im 5. Stock des alten Augustinerklosters zu Tübingen, haust der Stiftler Hölderlin, den die Freunde Holz nennen, mit Hegel und Schelling auf einer Stube.

Er studiert den Stoff zu seinen Gedichten erst mühsam durch, dann erst legt er die Feder an. Seine Phantasie ist nicht ohne Feuer, nur etwas wild. Er zittert, wenn ihn ein Gedanke anzieht.

Wer bist du? wie zur Beute, breitet
das Unermeßliche vor dir sich aus...

Lieber Hegel, das Gedicht Dem Genius der Kühnheit, dessen du dich vielleicht noch erinnerst, habe ich umgearbeitet, mit einigen anderen Gedichten an die Thalia gegeben, Schiller nimmt sich meiner sehr an.
Hast du meiner gedacht, seit wir mit der Losung – Reich Gottes! – voneinander schieden?
Unser Zeichen

Εν και παν

in deinem Stammbuch?
Das ganze Dasein enthüllen, erklären, was sich nicht erklären läßt: das Unauflösliche, Unmittelbare, Einfache.
Fichtens spekulative Blätter – er ist jetzt die Seele von Jena – werden dich sehr interessieren. Daß du dich an die Religionsbegriffe machst, ist gut und wichtig. Den Begriff der Vorsehung behandelst du wohl ganz parallel mit Kants Teleologie; die Art, wie er den Mechanismus der Natur (also auch des Schicksals) mit ihrer Zweckmäßigkeit vereinigt, scheint mir den ganzen Geist seines Systems zu enthalten.
Kant und die Griechen sind wieder meine einzige Lektüre. Der Mensch soll immer so handeln, daß die Gesinnung, aus der er handelt, zum Gesetz für alle gelten könnte.
Ich komme beinahe gar nicht unter die Menschen.
Wir müssen uns zuweilen mahnen, daß wir große Rechte aufeinander haben. Du warst so oft mein Genius.
In Tübingen hatte die Philosophie des Herrn Kant nur

widerwillig in das Stift Eingang gefunden. Macht dann die Köpfe schwindeln, die Kanzel widertönt von Zeit und Raum und dergleichen. Hölderlin und Hegel wandeln in den seligen Gefilden der Befreiung von allem Aberglauben und Phantasterei, sie behandeln in den Predigten moralische Themen nach den Kantschen Prinzipien, gelten als enragés.
Herzog Karl Eugen findet höchstderoselbst sich im Stift ein, die Stipendiaten scharf herzunehmen. Einen, der in einer liederlichen Frisur erschien, ließ er sogleich fortschicken, sich frisieren zu lassen. Zwei Stipendiaten waren nicht zur Besichtigung erschienen und hatten sich in ihrem Zimmer eingeschlossen. Der Herzog sprengt mit einem Fußtritt die Tür, findet die beiden Herren Tabak rauchend, nimmt ihnen die Pfeifen aus der Hand, wirft sie zum Fenster hinaus, wo sie hingehörten. Es waren aber zwei von den Studiosen aus der französischen Grafschaft Mömpelgard, die zuerst den Geist der Revolution ins Stift getragen.
Dem Schelling, der uns die Marseillaise übersetzt, hielt der Herzog ein Blatt unter die Nase: Da ist in Frankreich ein sauberes Liedchen gedichtet worden, kennt Er es? Und Schelling antwortet: Durchlaucht, wir fehlen mannigfaltig.
Wir müssen dem Vaterlande und der Welt ein Beispiel geben, sagt Hölderlin, daß wir nicht geschaffen sind, mit uns nach Willkür spielen zu lassen.

Im heiligsten der Stürme falle
zusammen meine Kerkerwand,
und herrlicher und freier walle
mein Geist in's unbekannte Land!

Scherenschnitt Schellings aus der Jenaer Zeit
um 1797

Wie außerordentlich reichen Stoff zu kühnen, auf alle Welt wirkenden Dichterwerken gibt nicht der Geist der Zeiten? Stäudlin ruft es, druckt zuerst Gedichte Hölderlins in seinem Musenalmanache, nennt ihn den gewiß nicht wenig versprechenden Hymnendichter, empfiehlt den Freund an Schiller als Hofmeister für Frau von Kalb, für die Reinheit seines Herzens und seiner Sitten bürge er; wahrlich ein herrlicher Mann, sagt Hölderlin von Gotthold Friedrich Stäudlin, der schon bald des Landes verwiesen, kein Auskommen mehr findet und sich 1796, verzweifelt, in den Rhein stürzt, Stäudlin, ein enthusiastischer Anhänger der französischen Freiheit, der sich zu einer Zeit, wo in Deutschland noch die äußerste Behutsamkeit nötig, Ausfälle und Herzenserleichterungen erlaubte, die auch nach überstandener Zensur noch immer höchst auffallend sein mußten. Der Mißbrauch fürstlicher Gewalt wird schrecklicher werden, sagt Hölderlin. Glaube das mir, und bete für die Franzosen, die Verfechter der menschlichen Rechte.
Hegel gilt für einen derben Jakobiner, auch Hölderlin ist dieser Richtung zugetan, je stärker man die Beschränkung einer freieren Entwicklung in den Schranken des Instituts fühlt. An einem Sonntag, es war ein schöner Frühlingsmorgen, ziehen sie mit Freunden hinaus auf eine Wiese vor der Stadt, errichten dort einen Freiheitsbaum.
Wir sind nicht unter denen, denen man angemaßte Rechte abnehmen, die man wegen begangner Gewalttätigkeit und Bedrückung strafen könnte, sagte er. Es ist keine Unmöglichkeit, daß sich Veränderungen auch bei uns zutragen.

Hinweg! Tyrannen keine Gnade,
ewige Rache den Völkerschändern!

Hegel, lieber Bruder, ich bin gewiß, daß du indessen zuweilen meiner gedachtest, jenes unvergeßlichen Nachmittags, da ich Gedichte las, Matthisson sich mir in die Arme warf, dem Genius der Kühnheit, dessen du dich vielleicht noch erinnerst?

Wie nun in jugendlichem Kriege
Heroenkraft mit der Natur sich maß!

Hegel verläßt als erster der Freunde das Tübinger Stift, begibt sich in eine Hofmeisterstelle, sieht Hölderlin Jahre nicht, der schreibt ihm aus Jena, hört Fichten, sein Interesse für weltbürgerliche Ideen nimmt zu. Vernunft und Freiheit bleiben unsre Losungen und unser Vereinigungspunkt die unsichtbare Kirche. Das Reich Gottes komme, und unsre Hände seien nicht müßig im Schoße.

Nimmer der verachtende Blick, nimmer das blinde Zittern des Volks vor seinen Weisen und Priestern. Keine Kraft wird mehr unterdrückt werden, dann herrscht allgemeine Freiheit und Gleichheit der Geister. Eins und Alles. Besserung des Menschengeschlechts, jenes Ziel, das wir in unserem Erdenleben nur vielleicht unvollkommen erreichen, das aber erreicht werden wird vor der Nachwelt, jenes Ziel.

Hölderlin verfolgt von Tübingen aus die Ereignisse in Paris. Es hängt an einer Haarspitze, ob Frankreich zugrunde gehen soll oder ein großer Staat werden. Sagt, ich liebe das Geschlecht der kommenden Jahrhunderte. Die Freiheit muß einmal kommen, und die Tugend wird besser gedeihen in der Freiheit heiligem erwärmenden Licht als unter der eiskalten Zone des Despotismus. Wir leben in einer Zeitperiode, wo alles hinarbeitet auf bessere Tage.

Wohl ist Arkadien entflohen;
des Lebens bessre Frucht gedeiht
durch sie, die Mutter der Heroen,
die eherne Notwendigkeit. –

Ich hoffe immer auf eine gute Stunde, wo ich einmal wieder mich ganz, und all die kleinen Schicksale, die mich in Bewegung erhalten, mitteilen will.
Genieß jetzt den Frühling.
Die Nähe wahrhaft großer Geister schlägt mich nieder und erhebt mich wechselweise.
Herder in Weimar war auch herzlich, ergriff meine Hand, zeigte aber schon mehr den Weltmann, sprach oft ganz allegorisch. Bei Schiller war ich das erste Mal nicht eben mit Glück. Ich trat hinein, wurde freundlich begrüßt, und bemerkte kaum im Hintergrund einen Fremden, bei dem keine Miene, auch nachher kein Laut etwas Besonders ahnen ließ. Schiller nannte mich ihm, nannt ihn auch mir, aber ich verstand seinen Namen nicht. Kalt, fast ohne einen Blick begrüßt ich ihn, war einzig im Innern und Äußern mit Schillern beschäftigt.
Der Fremde sprach lange kein Wort.
Schiller brachte die Thalia, wo ein Fragment von meinem Hyperion und mein Gedicht an das Schicksal gedruckt ist.
Da Schiller sich einen Augenblick entfernte, nahm der Fremde das Journal vom Tische, blätterte neben mir in dem Fragmente, sprach kein Wort.

Ich fühlt, daß ich über und über rot wurde.
Er wandte sich drauf zu mir, erkundigte sich nach der Frau von Kalb. Ich beantwortete alles so einsilbig, als ich vielleicht selten gewohnt bin. Aber ich hatte einmal meine Unglücksstunde. Schiller kam wieder, wir sprachen über das Theater in Weimar, der Fremde ließ ein paar Worte fallen, die wichtig genug waren, mich etwas ahnen zu lassen. Aber ich ahnte nichts.
Der Maler Meyer aus Weimar kam auch noch. Der Fremde unterhielt sich über manches mit ihm. Aber ich ahnte nichts. Ich ging. Und erfuhr an demselben Tag, was meinst du?
Daß Goethe diesen Mittag bei Schiller gewesen sei.
Er hat ihn nicht erkannt.
Hölderlin sieht Goethe später in Weimar, sagt, so viel Menschlichkeit bei so viel Größe, kommt ihm nicht näher.
Er stellt sich, verlegen, noch einmal zu einem Gespräch vor, als der Geheimrat, ohne ihn recht zu erkennen, in Frankfurt empfängt. Er sieht ihm gedrückt und kränklich aus, ist aber liebenswürdig und mit Bescheidenheit, ja mit Ängstlichkeit offen; Goethe nennt ihn in einem Brief an Schiller Hölterlein. Rät diesem Hölterlein, kleine Gedichte zu machen, sich zu jedem einen menschlich interessanten Gegenstand zu wählen. Ein kluger Ratgeber.

> Und ihr, ihr wollt des Rächers Arme lähmen,
> dem Geiste, der mit Götterrecht gebeut,
> bedeutet ihr, sich knechtisch zu bequemen...

Wir wollen mit Eigensinn aushalten, nicht wahr, lieber Neuffer? Es geht uns, wie den jungen Rossen, wie wir zusammen unsern Weg anfingen, flogen wir oder glaubten wir doch zu fliegen, und jetzt wäre es oft beinah not, daß man Sporen und Peitsche brauchte. Freilich werden wir so ziemlich mit Stroh gefüttert.

Zu Schillern mach ich noch immer meinen Gang. Komme sonst beinahe gar nicht unter die Menschen.

Er nennt ihn Verehrungswürdiger! tituliert Schiller mit Herr Hofrat, spricht von seiner Anhänglichkeit, die ihn noch immer nicht verlassen hat, auch in späteren Jahren nicht, Anhänglichkeit, gegen welche ich oft vergebens anging, wenn sie Leidenschaft war.

Ich habe Mut und eignes Urteil genug, um mich von andern Kunstrichtern und Meistern unabhängig zu machen. Suche Sie, edler Mann, zu vergessen, um während einer Arbeit nicht ängstig zu werden. Denn ich bin gewiß, daß gerade diese Ängstigkeit und Befangenheit der Tod der Kunst ist, in einer Periode, wo schon Meisterwerke nah um einen liegen, als in einer andern, wo der Künstler fast allein ist mit der lebendigen Welt. Haben Sie Ihre Meinung von mir geändert?

Solange ich vor Ihnen war, war mir das Herz fast zu klein, und wenn ich weg war, konnt ich es gar nicht mehr zusammenhalten. Ich bin vor Ihnen wie eine Pflanze, die man erst in den Boden gesetzt hat. Man muß sie zudecken um Mittag. Sie mögen über mich lachen, aber ich spreche Wahrheit.

Er schickt Schiller seine Gedichte.

> Begräbt sie nur, ihr Toten, eure Toten!
> Indeß ihr noch die Leichenfackel hält,
> geschiehet schon, wie unser Herz geboten,
> bricht schon herein die neue beßre Welt.

Schiller, er nennt Hölderlin lieber Freund, rät ihm, wo möglich, die philosophischen Stoffe zu fliehen, der Sinnenwelt näher zu bleiben, so werde er weniger in Gefahr sein, die Nüchternheit in der Begeisterung zu verlieren.
Empfehle daher eine weise Sparsamkeit, eine sorgfältige Wahl des Bedeutenden und einen klaren einfachen Ausdruck desselben. Halten Sie sich an die schönsten Muster.
Er korrigiert in Hölderlins Gedicht An die klugen Ratgeber herum, ändert Rächer in Schöpfer, streicht, mildert, mordet mit klugem sanftem Rat, rückt nur weniges von Hölderlin in seinen Almanach ein.
Hölderlin sagt, wir werden doch, was wir werden sollen. Der große Dichter ist niemals von sich selbst verlassen, er mag sich so weit über sich selbst erheben, als er will. Man kann auch in die Höhe fallen, so wie in die Tiefe.
Das Gefühl ist aber wohl die beste Nüchternheit und Besinnung des Dichters, wenn es richtig und warm und klar und kräftig ist. Es ist Zügel und Sporn dem Geist.
Und mir, mir ratet nicht, mich zu bequemen ...
Ich lebe jetzt auf einem Gartenhause, über einer Stadt, über einem Fluß. Gibt es auf Erden ein Maß? Es gibt keines. Möcht ich ein Komet sein? Ich glaube. Denn sie haben die Schnelligkeit der Vögel; sie blühen an Feuer, und sind wie Kinder an Reinheit.
Das Mißfallen an mir selbst und dem, was mich umgibt, hat mich in die Abstraktion hineingetrieben. Ich suche mir die Idee eines unendlichen Progresses der Philosophie zu entwickeln. Die Poesie bekömmt dadurch eine

höhere Würde, sie wird am Ende wieder, was sie am Anfang war – Lehrerin der Menschheit.
Ich sage es. Ich schreibe es.
Wo? Wo seid ihr?
Sei glücklich Neuffer, Bruder, und nehm es geduldig an, wenn bei großer Freude großer Schmerz ist.
Verehrungswürdigster Schiller, ich war immer in Versuchung, Sie zu sehn, und sah Sie immer nur, um zu fühlen, daß ich Ihnen nichts sein konnte. Glauben Sie, daß Ihre Nähe mir nicht erlaubt ist? Liebster Hegel, die selige Einigkeit, das Sein, im einzigen Sinn des Worts, ist für uns verloren und wir mußten es verlieren, wenn wir es erstreben, erringen sollten. Wir reißen uns los vom friedlichen Εν και παν der Welt, um es herzustellen, durch uns selbst. Wir sind zerfallen mit der Natur, und was einst, wie man glauben kann, Eins war, widerstreitet sich jetzt, und Herrschaft und Knechtschaft wechselt auf beiden Seiten. Oft ist uns, als wäre die Welt Alles und wir Nichts, oft aber auch, als wären wir Alles und die Welt Nichts.
Jenen ewigen Widerstreit zwischen unserem Selbst und der Welt zu endigen, den Frieden alles Friedens, der höher ist, denn alle Vernunft, den wiederzubringen, uns mit der Natur zu vereinigen zu Einem unendlichen Ganzen, das ist das Ziel all unseres Strebens, wir mögen uns darüber verstehen oder nicht.
Wenige Wochen des Frühjahrs 1795 lebt Hölderlin in einem Gartenhause auf einem Berge über Jena. Schließt Freundschaft mit Sinclair. Hört Fichte. Macht zu Schiller seinen Gang, wandert nach Weimar. Er schreibt Briefe an Neuffer in Stuttgart und Hegel in der

Schweiz. Im Hause des Professors Niethammer hat er eine Begegnung mit Friedrich von Hardenberg, der als Novalis bekannt wird. Man spricht über Religion und die Offenbarung und daß für die Philosophie hier noch viele Fragen offen bleiben.

Hölderlin bricht im Frühsommer plötzlich in die Heimat auf, entfernt sich von Schiller jäh und endgültig, nicht ohne seinem Innern merklich Abbruch zu tun. Kommt nach Jena nicht mehr.

Er sendet Schiller ein Jahr später auch sein Gedicht An die klugen Ratgeber, das dieser redigiert aber nicht an die Öffentlichkeit bringt.

Dort stehen die Verse:

> Das Irrhaus wählt ihr euch zum Tribunale,
> dem soll der Herrliche sich unterziehn,
> den Gott in uns, den macht ihr zum Skandale,
> und setzt den Wurm zum König über ihn. –

15

Es ist eine unermeßliche Kluft zwischen ihm und der ganzen Menschheit.

Er ist entschieden aus ihr herausgetreten, es findet keine Verbindung mehr mit ihr statt als die der bloßen Erinnerung, der Angewöhnung, des Bedürfnisses und des nie ganz ertöteten Instinkts.

So erschrak er einmal aufs äußerste, als er ein Kind in einer gefährlichen Stellung am Fenster sah. Er lief schnell hin und nahm es weg.

Kinder liebt er sehr. Aber sie haben Angst vor ihm und fliehen ihn.

Diese Teilnahme an Menschlichem ist von seinem einst so aufgeschlossenen, warmen Gemüte zurückgeblieben. Aber auch nichts anderes als dieser Trieb. Es wäre ihm gleichgültig, wenn man ihm sagte, die Griechen seien bis auf den letzten Sprößling ausgerottet – er würde es nicht in sich aufnehmen, nicht einmal denken: es liegt ihm zu ferne. Er kann sich anderer schlechterdings nicht mehr annehmen.

Die Musik hat ihn noch nicht ganz verlassen.

Einmal sagt man ihm, daß auf den Abend Konzert sei, hatte gedacht, ob es nicht möglich wäre, ihm diesen Ge-

nuß zu verschaffen. Allein man konnt es nicht wagen; vielleicht hätte die Musik zu starken Eindruck auf ihn gemacht, oder es war die Ungezogenheit der Leute zu fürchten.

Genug, man verläßt mit ihm das Gartenhaus. Er ist ganz in sich versunken, spricht keine Silbe. Als man schon in der Stadt ist, sagt er, als ob er aufwachte: Konzert.

Gewiß hatte er unterdessen daran gedacht.

Er spielt noch richtig Klavier, aber höchst sonderbar.

Wenn er dran kommt, bleibt er Tage lang sitzen, folgt einem Motiv, das kindisch simpel ist, kann es viele hundertmal dermaßen abspielen, daß mans nicht aushalten kann. Dazu kommt noch ein schnelles Aufzucken von Krampf, das ihn nötigt, manchmal blitzschnell über die Tasten zu fahren, dazu das Klappern seiner langgewachsenen Nägel.

Hat er eine Zeit lang gespielt, ist seine Seele ganz weich gestimmt, sein Auge sinkt, sein Haupt richtet sich empor, er scheint vergehen zu wollen. Er beginnt zu singen.

In welcher Sprache, das konnte man nie erfahren, so oft man es hörte. Schwermut und Trauer war der Geist seines Gesangs. Man erkennt einen ehmals guten Tenor.

16

Ihr werdet mich auslachen, aber ich muß doch noch besonders danken für die goldnen Stunden der Musik! Die freundlichen Töne ruhen in mir, und sie werden manches Mal erwachen, wenn es friedlich im Innern und um mich ist.

Glückliches Stuttgart. Immer hast du Gesang mit Flöten und Saiten gebilligt, drum erfreuest du auch gerne den Sängern das Herz.

Komm! Ins Offene, Freund!

Sie steigen die Wege über dem Neckar bergauf, durch Reben und Obstgärten auf den Hügel, wo Landauer sein Weingut hat, droben zu weihn bei guter Rede den Boden, daß sie kosten und schaun das Schönste, die Fülle des Landes. Halten dort ihre Symposien. Scheffauer ist da, der Bildhauer; der liebenswürdige Haug, Sekretär bei Hofe, zitiert gern seine Epigramme, jetzt verfaßt er, aus dem Stegreif, ein Lied für die Zecher:

Bleiche Wassertrinker, schweigt!
Kritikaster, stille!
Vater Bacchus' Traube zeugt
Seligkeit die Fülle ...

Sie lachen, stoßen mit den Gläsern an, stimmen ein,

trinken auf Huber, den Herausgeber des Taschenbuchs für Damen, feiern den Wein und die Sonne.

Hölderlin ist leichten und reinen Herzens.

Er hat im Hause des Kaufmanns Christian Landauer Aufnahme und Logis gefunden, die alten Bekannten haben ihn so gutmütig empfangen, daß er wohl hoffen darf, ungestörter als bisher sein Tagewerk tun zu können, hat das böse malade Jahr hinter sich. Schreibt wieder Gedichte, in deinen Tälern wachte mein Herz mir auf, die Ode an den Neckar; und dir schenken ein kunstlos Lied, Heidelberg, der Stadt am Strom.

Die Freunde zwar meinen, er sei nur ein Schatten seiner selbst, seit er von Homburg heimgekehrt. Leicht gereizt, genüge schon ein zufälliges, unschuldiges Wort, daß er die Gesellschaft verlasse. Sie verstummen dann auch, heben schweigend das Glas auf die Freunde, die auf dem Hohen Asperg den Gruß nicht erwidern können.

Hölderlin sagt, ich habe bei euch erst eine rechte Ruhe gelernt, mit der man sich auf den Grund der Seele bei Menschen verläßt, nachdem man sie an echten Zeichen kennengelernt hat. So hält man dann auch fester und treuer am Leben und unter denen, die einen angehn.

Die gefährliche Dürre geneset, und die Schärfe des Lichts senget die Blüten nicht mehr …

Er nennt Landauer seinen treuen Freund; richtet vorsorglich ein Gesuch an den Herzog von Württemberg, als Erzieher der Kinder im Hause des Tuchhändlers sich aufhalten zu dürfen, auch um dem Konsistorium zu entgehen. Fühlt eine Zufriedenheit, die er lange entbehrte, sagt, meine Feierstunden bringe ich in guter wohlmei-

C. Landauer

Schattenriß Christian Landauers mit dem Faksimile seines Namenszuges unter einem Brief an Hölderlin 1801

nender Gesellschaft zu, und mein eigenstes Geschäft gehet, wie es scheint, mir jetzt auch leichter. Und gefunden das Wort und aufgegangen das Herz ist …

Vollentblühende Welt! Sprache der Liebenden
Sei die Sprache des Landes,
Ihre Seele der Laut des Volks!

Er schreibt. Aus Freude mußt du das Reine überhaupt, die Menschen und andern Wesen verstehen, alle Verhältnisse nacheinander erkennen, bis wieder die lebendige Anschauung objektiver aus dem Gedanken hervorgeht, aus Freude, ehe die Not eintritt; der Verstand, der bloß aus Not kommt, ist immer einseitig schief.

Haben Sie eben jetzt noch Geduld mit mir, liebste Mutter! An Fleiß und gutem Mut und gehöriger möglichster Einschränkung soll es nun und nimmer fehlen. Wenn es Ihnen aber möglich wäre, noch mit einigen Karolinen mir in einiger Zeit auszuhelfen und mich vollends sicherzustellen?

Es betrübt mich genug, da ich andern Menschen und besonders den Meinigen nur Freude machen möchte, daß ich für jetzt nur immer mehr empfangen muß als geben kann.

Ich bin etwas langsamer in meinem Geschäfte geworden, schreibt er der Schwester, der er sich offener mitteilt, muß oft mit einem halbmüßigen Nachsinnen manche gute Stunde zubringen, darf mich dann nicht öfter unterbrechen, als es die Not erfordert. Fühl mich danach auch wieder stärker. Er schreibt ein Gedicht auf Stuttgart, das er dem fernen Schmid widmet.

Voll ist die Luft von Fröhlichen jetzt und die Stadt und der Hain …

Sie gehen aufs Land vor die Tore der Stadt, wo den Gästen das Haus baut der verständige Wirt zum heiteren Richtfest; für Hölderlin Grund, einmal einzustimmen mit den Freunden:
Wir, so gut es gelang, haben das Unsre getan.
Er vollendet die Elegie Der Wanderer, die Ode Lebenslauf, damit sie ihm nicht entfliehe, diese neigende Zeit; statt offner Gemeine sing ich Gesang, daß der Mensch in der Welt eine höhere Geltenheit hat, den Gesang Der Mutter Erde.
Ich habe gelebt! Und wenn es kein Stolz und keine Täuschung ist, so darf ich wohl sagen, daß ich in jenen Stükken nach und nach, durch die Prüfungen meines Lebens, fester und stärker geworden bin.
Er lebt – als hätten wir noch eine Ahnung jener Tage – in einem großen Gedichte in Griechenland, auf den Inseln Delos und Kalauria, Kreta und Salamis, da wohnte der Sonnengott einst – aber was sprech ich davon? – des Jahrs Vollendung ist nahe!

... das Wechseln
und das Werden versteh, und wenn die reißende Zeit mir
zu gewaltig das Haupt ergreift und die Not und das Irrsal
unter Sterblichen mir mein sterblich Leben erschüttert,
Laß der Stille mich dann in deiner Tiefe gedenken.

Es ist die Dichtung Archipelagus.
Der schöne Herbst bekommt meiner Gesundheit außerordentlich wohl, schreibt er der Schwester, und ich fühle mich frisch in der Welt, und eine neue Hoffnung,

noch eine Weile unter den Menschen das Meinige zu tun.
Er wohnt in Landauers Haus am Gymnasium illustre gegenüber der Hauptwache am Großen Graben zu Stuttgart. Lebt im Kreise der geselligen Familie, besteht mit ihr die lästige Einquartierung der französischen Truppen, die unter Moreau in Schwaben liegen. Man hofft noch manche schöne Tage, wenn der Friede endlich da sein wird.
Nicht daß irgendeine Form, irgendeine Meinung und Behauptung siegen wird, aber daß der Egoismus in allen seinen Gestalten sich beugen wird unter die heilige Herrschaft der Liebe und Güte, daß Gemeingeist über alles in allem gehen und daß das deutsche Herz in solchem Klima, unter dem Segen dieses neuen Friedens erst recht aufgehn und seine geheimen, weitreichenden Kräfte entfalten wird.
Dies mein ich. Dies seh ich. Dies glaub ich.
Daß unsre Zeit nahe ist.
Ach, Hölderlin.
Sie sitzen an fröhlicher Tafel. Landauer, zu seinem 31. Geburtstage, hat einunddreißig Gäste geladen, das Haus widerhallt. Man feiert den tüchtigen Hausherrn, wünscht ihm Güter und Glück. Hölderlin, fast schon abwesend, hat für den Tag ein Reimgedicht gemacht. In goldner Mitte wohnest du ... Sie haben für die Worte rasch eine Melodie gefunden, bestürmen Hölderlin, doch zu bleiben, denn der ist schon aus ihrer Mitte herausgetreten.
Ich kann den Gedanken nicht ertragen, sagt er, daß auch ich, wie mancher andre, in der kritischen Lebens-

zeit, wo um unser Inneres her, mehr noch als in der Jugend, eine betäubende Unruhe sich häuft, daß ich, um auszukommen, so allzu nüchtern und verschlossen werden soll. Kann in goldener Mitte nicht leben. Spricht davon in der letzten Strophe des Liedes, in das sie noch einmal alle einstimmen:

Und sieh! Aus Freude sagen wir von Sorgen;
wie dunkler Wein, erfreut auch ernster Sang;
das Fest verhallt, und jedes gehet morgen
auf schmaler Erde seinen Gang.

Ich fühle mich oft wie Eis und fühle es notwendig, solange ich keine stille Ruhestätte habe, wo alles, was mich angeht, mich weniger nah und eben deswegen weniger erschütternd bewegt. Wurde von meinen Freunden fast unbarmherzig bestürmt, zu bleiben, verschiedene Anträge zu Unterrichtsstunden wurden mir gemacht. Ich habe ein so dringendes Bedürfnis nach Stille – mehr als du mir ansehn kannst. Er will in der Heimat nicht bleiben.

Gehört diesem Treiben nicht zu.

Ich kann es nicht anders.

An Landauer sollst du den Mann finden, der meine Bruderstelle in meiner Abwesenheit vertritt, schreibt er der Schwester. Wenn ich das meinige tue, so werde ich auf dieser Erde meine Bestimmung menschenmöglich erfüllen. Die zweite Hälfte meines Lebens und die offene Straße und die offene Welt...

Geht übers Gebirg. Hört von Diotima nicht mehr. Ist den Freunden, schweren Herzens, bald fern. Sagt, mitten im Gedicht:

... Indessen dünket mir öfters

besser zu schlafen, wie so ohne Genossen zu sein,
so zu harren, und was zu tun indes und zu sagen,
weiß ich nicht, und wozu Dichter in dürftiger Zeit.
Aber sie sind, sagst du, wie des Weingotts heilige Priester,
welche von Lande zu Land zogen in heiliger Nacht.

Hölderlin schreibt es im Winter auf die kommende Zeit hin. Brot und Wein. Eine Elegie, von der sie sagen: Das ganze Leben, der Mensch, seine Sehnsucht nach einer verlorenen Vollkommenheit und die bewußtlose Herrlichkeit der Natur ist darin.

Wer mags hindern, und wer mag uns die Freude verbieten? Ihr werdet mich auslachen ...

17

Er ist edelherzig, hat ein tiefes Gemüt, sagt der Tischler Zimmer von ihm. Seine Gestalt ist schön und wohlgebaut, ich hatte noch kein schöneres Auge bei einem Sterblichen gesehn, als er hat.
Ist, so lang er bei mir ist, nie krank gewesen.
Seiner alten Mutter schreibt er noch, aber man muß ihn dazu mahnen.
Diese Briefe sind nicht unvernünftig. Er gibt sich Mühe, und sie werden sogar klar, aber nur so, dem Stil nach.
Einer von ihnen lautet:
Verzeihen Sie, liebste Mutter! wenn ich mich Ihnen nicht für Sie sollte ganz verständlich machen können.
Ich wiederhole Ihnen mit Höflichkeit, was ich zu sagen die Ehre haben konnte. Ich bitte den guten Gott, daß er, wie ich als Gelehrter spreche, Ihnen helfe in allem und mir.
Nehmen Sie sich meiner an. Die Zeit ist buchstabengenau und allbarmherzig.

18

Buchstabengenau.
Wie aber jetzt? Denn nirgend bleibt er. Es fesselt kein Zeichen. Viel täuschet Anfang und Ende.
Das Jahr 99 fängt an; das böse malade Jahr, wir werden époque machen, sagt Sinclair.
Glaube mir, der hierin gewiß nicht aus Eigendünkel, sondern aus dem tiefen Gefühl des Mangels und aus manchen trüben Erinnerungen spricht, glaube mir, wie manches möcht ich dir oft mit Blut hinschreiben, wenn ich zurücksehe auf die Jahre, die ich wohl zur Hälfte in Gram und Irren verlor.
Es ergreift einen wunderbar, wenn man sich mit saurer Mühe und genauer Not hindurchgerungen hat.
Hölderlin schiebt das Blatt zurück.
Aber das Mögliche, welches in die Wirklichkeit tritt, indem die Wirklichkeit sich auflöst?
Jetzt, wann die Opfer fallen, ihr Freunde! jetzt!...
Das neue Leben ist jetzt wirklich, das sich auflösen sollte und aufgelöst hat, möglich; die Auflösung notwendig und trägt ihren eigentümlichen Charakter zwischen Sein und Nichtsein.
Ein paar Schritte zum Fenster, die kahlen Bäume, da

steht er oft. Ja, schreibt Hölderlin, im Zustand zwischen Sein und Nichtsein wird aber überall das Mögliche real, und das Wirkliche ideal ... Setzt dann hinzu: und dies ist in der freien Kunstnachahmung ein furchtbarer, aber göttlicher Traum.

Er wohnt in der Haingasse beim Glaser Wagner.

Ein paar hübsche Zimmer, wovon er sich das eine mit den Karten der vier Weltteile dekoriert hat, einen eigenen großen Tisch im Speisesaal, der zugleich das Schlafzimmer ist, eine Kommode daselbst.

Hier im Kabinett einen Schreibtisch, wo die Kasse verwahrt ist, einen Tisch, wo die Bücher und Papiere liegen, noch ein kleines Tischchen am Fenster, wo ich eigentlich mein Wesen treibe. Und Stühle hab ich auch für ein paar gute Freunde.

Und wie nur der in seiner Stube sich gefällt, der auch im freien Felde lebt, so kann ohne Allgemeinsinn und offnen Blick in die Welt auch das individuelle, jedem eigene Leben nicht bestehen. Das schreibt er dem Bruder.

Homburg selbst ist, ein paar Straßen ausgenommen, nicht eben hübsch, aber es liegt auf der ganzen Gegend ein Zauber, daß man es für schöner hält, als es ist.

Sinclair sagt, ein Ort einzig in seiner Art, wo es, à proportion, die meisten interessanten Leute gibt, viele Fremdlinge aus allen Zonen, die oft das Spiel des Schicksals waren. Das Staatsband, das sie zusammenhält, ist lax. Der Landgraf von Seiten seines Herzens der beste Mann. Die Familie echtedle Menschen, die sich durch ihre Gesinnung und ihre Lebensart von andern ihrer Klasse ganz auffallend auszeichnen.

Am Hofe hat Hölderlins Hyperion einigermaßen Glück gemacht. Er hält sich übrigens entfernt.
Mache meine Aufwartung und lasse es dabei bewenden. Aus Vorsicht und um meiner Freiheit willen.
Mit den Ausgaben geht es seine einfache Ordnung; Kleider die Fülle von Frankfurt her, und nächstens bin ich vielleicht mein eigener Herr.
Freilich tanzen sie noch immer um ihre güldenen Kälber und hungern nach ihren Fleischtöpfen. Von der anderen Seite muß die politische Lektüre ebenso günstig wirken. Der Horizont der Menschen erweitert sich, und mit dem täglichen Blick in die Welt entsteht und wächst auch das Interesse für die Welt.
Eben schlägt die Glocke zwölf. Das Jahr 99 fängt an.
Ein glückliches Jahr für dich, liebster Bruder, und alle die Unsrigen!
Und dann ein neues großes glückliches Jahrhundert für Deutschland und die Welt.
Hölderlin hat seine gewöhnliche Beschäftigung beiseite gelegt. Die Nacht vor dem Fenster scheint hell. Vergangenheit und Gegenwart seines Lebens so fühlbar, daß er den Schlaf nicht findet.
– Gräme dich nicht, sagt Susettes Stimme, wir haben heilige Pflichten für diese Welt. Ich weiß, der Schmerz wird uns besser machen, uns inniger verbinden. Habe Mut. –
Schmid sagt, er liest den Hyperion. Sinclair sieht in dem Buch ein personifiziertes Moralsystem. Was werden die andern alle drin erblicken?
Daß ich außer deinem Geist, Sinclair, jetzt auch noch andre rufen kann, zum Zeugnis gegen mein eigen zwei-

felnd Herz, das manchmal auf die Seite des ungläubigen Pöbels treten will. Den Gott leugnen, der in den Menschen ist?

Die Welt zerstört uns bis auf den Grund, wenn wir jede Beleidigung geradezu ins Herz gehen lassen, und die Besten müssen schlechterdings auf irgendeine Art zugrunde gehen, wenn sie nicht noch zu rechter Zeit dahin kommen, daß sie alles, was Menschen ihnen aus Notdurft und Geistes- und Herzensschwäche antun, in den ruhigen Verstand aufnehmen statt ins gute Gemüt. Glaube mir. Wir fürchten überhaupt das Schicksal viel weniger für uns als für die, die unserm Herzen teuer sind. Und wenn das Reich der Finsternis mit Gewalt einbrechen will, so werfen wir die Feder unter den Tisch und gehen in Gottes Namen dahin, wo die Not am größten und wir am nötigsten sind!

Hölderlin ist erst vor Wochen nach Homburg zurückgekehrt. Ich habe sehr an Glauben und Mut gewonnen, sagt er, seit ich von Rastatt zurück bin; genug an Gesichtern und Mund- und Lebensarten, daß man das Auge gewöhnen kann, sich mehr und mehr in die Welt zu finden.

Rastatt, wo die schön gepuderten, allerliebst behaarbeutelten, mit elegant gestickten Lyoner Hofkleidern geputzten deutschen Herren Abgesandten an der Seite der mit runden Hüten und in schlichten Fracks gekleideten Republikaner verhandeln. Die Augen von ganz Europa sind gegenwärtig auf dieses Städtchen gerichtet.

Rastatt, in einer weiten Ebene, die sich bis Mannheim hinauf erstreckt. Stehst du auf dem Schloßberg, hast du zur Linken gen Westen den Rhein, bei sehr hellem Wetter die Spitze des Münsters zu Straßburg; zur Rechten ein schmales Tal, in dem sich die Murg schlängelt, nach Süden die Badener Berge, alle Schönheiten der milden und rauhen Natur.

Im Schloß die Gesandtschaften. Kaiserliche Plenipotenz und Franzosen im linken Flügel, die kurmainzischen und österreichischen Gesandten im rechten. Man sucht sich wechselseitig zu gefallen, bemüht, eine günstige Meinung von sich zu erregen, diese vielleicht zu politischen Zwecken zu nutzen.

Wenig offene gesellschaftliche Äußerung, sagt Hölderlin, schade, daß die diplomatische Klugheit die Gesichter und Gemüter alle in Banden hält.

Der Kongreß gleicht einer Handelsbörse. Der französische Minister Roberjot hat sein Arbeitszimmer mit Landkarten von Deutschland behängt, auf welchen alles mit kleinen Zetteln numeriert ist. Denen, die zu ihm kommen, sagt er: dieses Land, jenes Bistum, diese Abtei geben wir jenem, diese dem. So, daß alles schon ausgeteilt ist, besonders in Schwaben.

Menschenverkäufer, welche ohne zu fragen, Staaten und Völker nach Willkür teilen.

Der eigentliche Gewinn, sagt Hölderlin, sind einige junge Männer voll Geist und reinen Triebes. Muhrbeck, ein Pommeraner, der seine rastlose Seele zu einem kühnen philosophischen Werk beflügelt, kommt aus der Schweiz. Horn, preußischer Legationssekretär, ein denkender Kopf bei richtigem Sinn für Schönheit und Kunst. Sinclair, der Hessen-Homburg auf dem Kongreß vertritt, macht sie bekannt.

Baz ist da, ein Mann mit großem Herzen, der die Fürsten Usurpatoren der Nation nennt, vertritt die süddeutschen Landstände; Hölderlin kennt seine Schrift über das Petitionsrecht in Württemberg.
Wir leben, um tugendhafter, weiser und glücklicher zu werden, oder wir leben vergebens. Und daß ein beständiger Fortschritt in allem, was wahr, gut und vollkommen ist, die große Bestimmung unseres Geschlechts ausmache.
Ja, sagt Hölderlin, wir müssen fest zusammenhalten in aller unserer Not und unserem Geiste, um mit allen Kräften zu ringen und mit aller Schärfe und Zartheit zuzusehn, wie wir alles Menschliche an uns und andern in immer freieren und innigern Zusammenhang bringen.
Man trifft sich insgeheim in den Logis; in Deckers Buchladen, wo die neuste französische Literatur ausliegt, im Café de Congrès.
Wir wollen weder Waldvögte noch Vizepräsidenten noch herzoglich Lieutenants, wir wollen Bürger eines Staates werden, in dem das Gesetz und nicht die Willkür thront. Durch gleiche Verteilung der Gewalten gesichert. Durch die Organisation einer Bürgerarmee geschützt!
Man gründet ein württembergisches Komitee, das für Stände und Volk, nicht für den Herrscher spricht, verhandelt insgeheim über den Emissär Theremin, den Baz Bruder nennt, mit dem Direktorium in Paris: eine Süddeutsche Republik, nach dem Schweizer Vorbild, Kokarden rot-gelb-blau, das heißt Revolution.
Der gegenwärtige Geist der Zeit gleicht einem Strom,

der alles mit sich fortreißt. Das Bild besserer, gerechterer Zeiten ist lebhaft in die Seele der Menschen gekommen, und eine Sehnsucht nach einem reinern, freiern Zustand hat alle Gemüter bewegt und mit der Wirklichkeit entzweit.

Hegel hat das verfaßt, den Hölderlin noch in Frankfurt sah, ein Manifest an das württembergische Volk, der Entwurf geht unter den Freiheitsfreunden herum.

Das Mögliche, welches in die Wirklichkeit tritt, indem die Wirklichkeit sich auflöst?

In einer solchen Veränderung ist alles bloß Notwendige parteiisch für die Veränderung.

Man muß mit Händen und Füßen arbeiten, ruft Sinclair, um die Zeit der Krisis nicht verstreichen zu lassen, wer weiß alsdann, wann sie wiederkommt? Spricht vom Jahr 96. Die Riesenschritte der Republikaner.

Ich sehe dich selbst klarer und fester, sagt ihm Hölderlin, seit ich dich mit meinen neuen Freunden zusammendenke. Da darf die Liebe die Erkenntnis nicht scheuen. Ich habe sehr an Glauben und Mut gewonnen, Sinclair. Sag es ihnen nur, den Deinen und Meinen.

... so ist
von neuem an den Zeichen, den Taten der Welt jetzt
ein Feuer angezündet in Seelen der Dichter.
Und was zuvor geschah, doch kaum gefühlt,
ist offenbar erst jetzt,
und die uns lächelnd den Acker gebauet,
in Knechtsgestalt, sie sind erkannt,
die Allebendigen, die Kräfte der Götter.

Hölderlin, in seinem Zimmer zu Homburg gegen das

Feld hinaus, zwar gesund, aber die Nerven reizbar, arbeitet.
Verse – weil nun einmal die vielleicht unglückliche Neigung zur Poesie immer in mir ist, dies unschuldigste aller Geschäfte, das man freilich nur ehrt, wenn es meisterhaft ist.
Hört' ich die Warnenden jetzt, sie lächelten meiner ...
Schreibe ein Trauerspiel – Empedokles, das einen Helden hat, der zum Dichter geboren scheint. Aber das Schicksal seiner Zeit, die gewaltigen Extreme, in denen er aufwuchs, forderten nicht Gesang. Erforderten auch nicht eigentlich Tat, die zwar unmittelbar wirkt, aber auch einseitiger, je weniger sie den ganzen Menschen exponiert.
Denn wenn der Mensch in seiner eigensten, freiesten Tätigkeit selbst von fremdem Einfluß abhängt? Wo hat er dann noch eine Herrschaft?
Hölderlin ist der Raum zu eng. Er tritt aus der Tür. Gebirg, Wälder, Anlagen liegen rings herum.
Ich habe angefangen, meines Herzens tiefere Meinung, die ich noch lange nicht völlig sagen kann, unter denen, die mich hören, vorzubereiten.
Man kann jetzt den Menschen nicht alles geradeheraus sagen, denn sie sind zu träg und eigenliebig, um die Gedankenlosigkeit und Irreligion, worin sie stecken, wie eine verpestete Stadt zu verlassen und auf die Berge zu flüchten, wo reinere Luft ist und Sonn und Sterne näher sind, und wo man heiter in die Unruhe der Welt hinabsieht, das heißt, wo man zum Gefühle der Gottheit sich erhoben hat und aus diesem alles betrachtet, was da war und ist und sein wird.

Vor seiner Hütte ruhig im Schatten sitzt
der Pflüger, dem Genügsamen raucht sein Herd...
Wohl kehren jetzt die Schiffe zum Hafen auch...
Wohin denn ich?
... warum schläft denn
nimmer nur mir in der Brust der Stachel?

Es ist kein Eigensinn, was mir meine Beschäftigung und meine Lage bestimmt.

Es ist meine Natur und mein Schicksal.

Sinclair, von Rastatt zurück, tritt mit Muhrbeck ins Zimmer. Der gemeinsame Sommer soll époque machen in unserem Leben, ruft er. Das Bild der Zukunft wird nicht das der Gegenwart sein! Und wo die Vernunft nicht vermögend wird, eine rechtliche Ordnung aus dem Chaos hervorzurufen, da könnte leicht die Schneide des Schwertes den gordischen Knoten lösen. Die Politik ist das Schicksal.

Sie gehen hinaus. Ihre Gestalten heben sich über den Wegen als Silhouetten ab, wie auf den alten Stichen gegen den Himmel die Gesten der Hände, von fern die Stimmen.

Wenn es den Franzosen gelingt, wieder nach Schwaben vorzudringen, werden wir eine Republik haben.

Einer ihrer Offiziere sagte: man haßt unsere Soldaten wegen ihrer schlechten Aufführung, aber man liebt gleichwohl unsere Grundsätze.

Flugschriften sind zur Hand. Der Entwurf einer republikanischen Verfassungsurkunde, wie sie in Deutschland taugen möchte. Menschenrechte sind nicht Ungeselligkeit. Freiheit ist nicht Zügellosigkeit. Gleichheit nicht Räuberei.

Sinclair liest das:
Ein Volk muß demnach Mißtrauen in sich selbst setzen, es hat den Feind in seinem Schoße. Die Menschen allein, deren Leidenschaften nur auf den Endzweck der freien Gesellschaft hinarbeiten, werden die Mittel, welche der Staat hat, gehörig anwenden ...
Du räumst dem Staat denn doch zuviel Gewalt ein. Er darf nicht fordern, was er nicht erzwingen kann. Was aber die Liebe gibt und der Geist, das läßt sich nicht erzwingen. Das laß er unangetastet. Der weiß nicht, was er sündigt, der den Staat zur Sittenschule machen will. Immerhin hat das den Staat zur Hölle gemacht, daß ihn der Mensch zu seinem Himmel machen wollte.
Das steht im Hyperion. Das Mögliche jetzt wirklich, sagt Hölderlin, worin sich das Bestehende auflöst, auch das Neueintretende, Jugendliche, jetzt? Sinclair sagt, nur die Erfahrung, mit Nachdenken verbunden, macht das Volk witziger, lehrt es, seine Freunde von seinen Feinden zu unterscheiden. Es wird dann die wählen, welche, statt seine Freiheit zu untergraben, mit rastloser Tätigkeit, ohne Rücksicht auf Vorurteile, das Gebäude des Staatsglücks fortführen.
Sie stehn am Hügel, kaum ein paar Schritt in ein schönes Wiestal. Der Wind fährt in die Worte.
Du kannst niemand überzeugen, du überredest, du bestichst die Menschen. Man kann nicht zweifeln, wenn du sprichst, und wer nicht zweifelt, wird nicht überzeugt. Sagt das Hölderlin? Es ist ihr alter Streit, geht über Stunden und Tage. Wir müssen uns oft einander aus dem Wege gehen, sagt Hölderlin, um unsre Gespräche nicht zur Hauptsache werden zu lassen.

Weil jeder seinen ganzen Sinn, unberauscht von Ideen, zu seinem Geschäfte braucht, denn alles andre abgerechnet, hat die philosophisch-politische Bildung schon in sich selbst die Inkonvenienz, daß sie zwar die Menschen zu den wesentlichen, unumgänglich notwendigen Verhältnissen, zu Pflicht und Recht zusammenknüpft, aber wie viel ist dann zur Menschenharmonie noch übrig?
Der nach optischen Regeln gezeichnete Vor- und Mittel- und Hintergrund ist noch lange nicht die Landschaft, die sich neben das lebendige Werk der Natur allenfalls stellen möchte. Aber die Besten unter den Deutschen meinen meist noch immer, wenn nur erst die Welt hübsch symmetrisch wäre, so wäre alles geschehen.
Er sitzt am Empedokles. Sein Tod, ein Opfer, wo der ganze Mensch das wirklich und sichtbar wird, worin das Schicksal seiner Zeit sich aufzulösen scheint...
Die stürmischen Zeiten, die vielleicht unserem Vaterlande nicht mehr ferne sind. Der Krieg, der nun eben wieder ausbricht, unser Württemberg nicht ruhig lassen wird.
Susette sagt:
– Eine Angst in mir ist, daß einmal alle Beziehungen zwischen uns aufhören möchten, weil ich über die Zukunft keine Gewißheit habe.
Ich zittre für die Zeit der Revolutionen, die uns nahe sein kann, weil vielleicht sie uns für immer voneinander reißt. –
– Dorthin gehen, wo die Not am größten, und wir am nötigsten sind – sagt Hölderlin, das Unendlichneue als Lebensgefühl...

Im Falle, daß die Franzosen glücklich wären, liebe Mutter, dürfte es vielleicht in unserem Vaterlande Veränderungen geben. Daß Sie, liebste Mutter, unter gewissen möglichen Vorfällen kein Unrecht leiden, dafür würd ich mit allen meinen Kräften sorgen, und vielleicht nicht ohne Nutzen.

Was ich weiter vornehme, wird zum Teil vom Gelingen oder Nichtgelingen meines Buches abhängen. Empedokles. Aus dieser tragischen Vereinigung des Unendlichneuen und Endlichalten entwickelt sich dann ein neues Individuelles ...

Hölderlin, er arbeitet in Fieber, kann Susette in Frankfurt oft über Wochen nicht sehn, klagt über eine Maladie, die ihn heftig befällt, drei Wochen Gallenkolik, daß er den Arzt braucht, der eine Hypochondrie feststellt.

Es war wirklich ein unangenehmer Zustand, sagt er, so müßig und kopflos den ganzen Tag dazusitzen; da ich mich meist nur durch Beschäftigung heiter erhielt.

Kommt auch mit seinem Gelde kaum aus bei der enormen Holzteurung; geht die Mutter an, ihm etwas zu leihen.

Freue mich recht auf den Mai. Wir haben hier fast immer noch rauhe Tage. Übrigens ist es friedlich hier.

Die Freunde, immer im Disput, warten ständig auf ein Zeichen. In Württemberg ist ein neuer Abgesandter aus Paris eingetroffen, machte seine Visite bei Hofe, erklärt, er habe zum Revolutionieren keinen Auftrag.

Was sagt Sinclair dazu?

Man hofft den Vormarsch der Truppen Jourdans, Signal zum Losbrechen, die bestehende Regierung zu

stürzen und eine Republik zu errichten, gewisser Blankenstein bringt es später gegen Sinclair vor.
General Jourdan aber, er steht schon in Württemberg, läßt am 16. des Monats März bekanntmachen, daß alle revolutionären Bewegungen von den französischen Truppen zu unterdrücken seien; hat Order, die Aufwiegler nicht zu begünstigen.
Das Direktorium zu Paris, sagen die Freiheitsfreunde, Talleyrand. Die Revolution ist nur mehr ein Schreckmittel zur Verwirklichung ihrer außenpolitischen Pläne.
Eine Süddeutsche Republik wird es nicht geben.
Nichts als meine vier Wände, und daß sie mir seien wie eine Melodie, zu der man seine Zuflucht nimmt, wenn einen der böse Dämon überwältigen will. Wie aber jetzt?

Du in der dunkeln Wolke, du Gott der Zeit!
Zu wild, zu bang ists ringsum, und es
trümmert und wankt ja, wohin ich blicke.

So sollte Empedokles ein Opfer seiner Zeit werden. Er war des negativen gewaltsamen Neuerungsgeistes nicht fähig, verhielt sich als religiöser Reformator, als politischer Mensch, mit dieser stolzen schwärmerischen Ergebenheit...
Hölderlin unterbricht sein Trauerspiel. Verläßt kaum sein Zimmer, spricht laut Verse, sitzt Stunden wie benommen, meidet den Ort und die Freunde.
Auch durch die Kriegsnachrichten wurd ich aufgehalten, liebste Mutter, deren Ablauf ich abwarten wollte, freilich auch, daß ich malad war. Es ist mir nicht möglich, diesen Frühling nach Württemberg zu kommen.

Jourdans Truppen, von den Söldnern der Koalition geschlagen, ziehen sich über den Rhein zurück. Das Volk sieht die Nutzlosigkeit des erkauften Friedens, wendet sich von den Franzosen ab, schreibt Baz den Freunden, es werden sich vielleicht in der Folge Mittel finden, das Schicksal der Völker ohne Revolution zu verbessern.
Manches hab ich versucht und geträumt und habe die Brust mir wund gerungen, schreibt Hölderlin.
Sonst machen die Schönheiten der hiesigen Gegend mein einzig Vergnügen.
Ach, seh ich doch einmal wieder Freude in diesem Auge, ruft Muhrbeck, der ihn im Freien trifft; ihn, der, von der Arbeit müde, auf den Hügel steigt, sich in die Sonne setzt, über Frankfurt hin in die Ferne sieht, wo er Susette weiß.
– Es ist ein unaussprechlicher Dank in mir, Liebe, daß der himmlische Frühling auch mir noch Freude gibt. –
– Ich war mit den Kindern spazieren, sah am Berg mein liebes Homburg, das unbekannte Stübgen, wo du wohnst; meinte, daß an schönen Frühlingstagen du mich auch immer im Sinn haben mußt, wie ich dich. Nicht einmal eine Vorstellung von dem Ort, wo du wohnst, werd ich haben. Darin hast du es doch viel besser, du weißt, wo du mich immer wieder finden kannst, kennst alle Kleinigkeiten um mich herum. –
Sie sinnen auf einen Plan, sich künftig zu sehn, zählen die Tage und Stunden, hoffen den Sommer, da Susette mit den Kindern vor die Stadt zieht, sich heimlich zu treffen.
– Will um diesen Preis gerne lange warten, wenn ich nur zuweilen von jemand hören könnte, daß du gesund

bist. Du wirst mir wohl immer so gegenwärtig bleiben. –
Hölderlin sieht auf Frankfurt hin.
Diese unschuldigen Augenblicke geben mir dann wieder Mut und Kraft zu leben und zu schaffen. Es ist so gut, als ob man in der Kirche gewesen wäre, wenn man so mit reinem Herzen und offenem Auge Licht und Luft und die schöne Erde gefühlt hat. Übermütig, ungeduldig, unbescheiden kann und will ich nie mehr werden gegen den Lenker meines Schicksals. Jetzt bin ich völlig gesund.
Es wird Mai.
Böhlendorff kommt, der mit Muhrbeck als Hofmeister in der Schweiz war, sagt, Hyperion ist ein Pfand unserer Freundschaft, o hätt ich immer gute Menschen um mich, schließt Sinclair und Hölderlin in die Arme.
Sie reden Politik.
Buonaparte, sagt Böhlendorff, sah ich in Mailand. Kleiner Mann mit bräunlichem Gesicht, schwarzem struppigem Haar, un homme qui est toujours tranquil, unempfindlicher Mann.
Er spricht von der helvetischen Revolution.
Der achtzehnte Fructidor entschied ihr Schicksal. Den 4. September 97 beschloß das Direktorium in Paris einzugreifen. Doktor Ebel, den ihr kennt, hat die Freunde in Bern gewarnt, aber sie waren sorglos.
Ich werde alles aufschreiben. Er spricht staccato.
Als die neue Schweizer Verfassung durchging, drohten die Franzosen mit Militär. Man konnte keine Ursache ersinnen, warum sie die Schweiz in eine andre Bahn zwingen wollten. Die Absichten waren dunkel. Der

Held in Italien, toujours tranquil, schien nichts als Freiheit bringen zu wollen.
Freilich brauchten sie Brot, sagt Sinclair, Deutschland war erschöpft. Frankreich wünschte eine repräsentative Republik zur Vormauer gegen seine Feinde, einen neuen Fond für den künftigen Frieden.
Ja, sagt Böhlendorff, so kam es zu der verordneten Konstitution für Helvetien. Die Franzosen hielten das Land schon besetzt, forderten Millionen, sie verloren den Namen Freund in den Herzen der Schweizer; Steck, er war Sekretär des neuen Direktoriums, hat mir alles erzählt.
Die Schweizer riefen die Provinzen zur Einheit. Hier sind die Bajonette, sagte der französische Statthalter. Französische Offiziere wohnten den Räten bei, deren Verordnungen wurden kassiert, die Preßfreiheit vernichtet.
Freund Steck wurde entlassen, sagte, ich weiche den Bajonetten, aber appelliere an die Gerechtigkeit der französischen Nation. Von Paris wurde der Bürger Ochs eingesetzt, andre blieben, wo ihnen nichts Gutes zu tun übrig war, wenigstens das Laster erröten zu machen.
Aber das wißt ihr ja selbst.
Er verstummt. Sie gehen auseinander.
Hölderlin sagt, dem Egoismus, dem Despotismus, der Menschenfeindschaft bin ich feind. Sonst werden mir die Menschen immer lieber. Dieses Weiterstreben, dieses Aufopfern einer gewissen Gegenwart für ein Ungewisses, Anderes, Besseres, seh ich als Grund von allem, was die Menschen um mich treiben.

Er sitzt mit Böhlendorff in seinem Zimmer. Der bringt ihm seine Poesien, heilger Held der künftigen Zeiten, heut will ich dich grüßen ... Gesang und Tat, ein Gedicht, Sinclair gewidmet, Republikaner mit Leib und Leben.
Höchste Dichtung, Schöpfung ist deren Leben, ruft Böhlendorff. Aus dieser Quelle strömt alles wirklich Große, Freie, Heldenkühne; die Menschlichkeit wird uns vertrauter in der Begeisterung!
Da wo die Nüchternheit dich verläßt, ist die Grenze deiner Begeisterung, sagt Hölderlin, redet, womit er seit langem umgeht: Die Kunst, soviel sie getan hat und tun kann, kann Lebendiges nicht hervorbringen, den Urstoff, den sie umwandelt, bearbeitet, nicht selbst erschaffen; sie kann die schaffende Kraft entwickeln, aber die Kraft selbst ist ewig und nicht der Menschenhände Werk.
Das Leben zu fördern, den ewigen Vollendungsgang der Natur zu beschleunigen – zu vervollkommnen, was er vor sich findet, zu idealisieren, das ist der eigentümlichste Trieb des Menschen, alle seine Künste und Geschäfte und Fehler und Leiden gehen aus jenem hervor.
Hölderlin sendet Gedichte Böhlendorffs an Neuffer für dessen Almanach; schreibt, ich habe im Sinne, eine poetische Monatsschrift herauszugeben, glaube manche Wahrheit auf dem Herzen zu haben, die für die Kunst nützlich, für das Gemüt erfreulich sein mag.
Also Vereinigung und Versöhnung der Wissenschaft mit dem Leben, des Wirklichen mit dem Idealischen, des Gebildeten mit der Natur.

Bonhomie, nicht kalte Frivolität, leichte klare Ordnung, Kürze des Ganzen. Hoffe Beiträge von Heinse, Matthisson, Conz, Siegfried Schmid, auch von dir zu erhalten.

Er schlägt dem Verleger Steinkopf in Stuttgart den Titel Iduna vor, nach der Göttin ewiger Jugend, arbeitet ruhelos an Aufsätzen für das Blatt, auf das er jetzt seine Hoffnung setzt, wovon gewissermaßen meine ganze Existenz abhängt.

Das Zeitalter hat eine so große Last an Eindrücken auf uns geworfen, daß wir nur durch ernste, immer neue Versuche vielleicht dasjenige am Ende produzieren können, was unter andern Umständen früher, aber schwerlich so vollkommen gereift wäre. Bringen dann auch der Notwendigkeit ein schönes Opfer, wenn wir die Liebe zu den Musen verleugnen, wenigtens eine Zeitlang.

Er wird heiter bei der Arbeit, tätiger, ruhiger.

Gestern nachmittag kam Muhrbeck zu mir aufs Zimmer.

Die Franzosen sind schon wieder in Italien geschlagen, sagt er. Wenns nur gut mit uns steht, sagt ich ihm, so steht es schon gut in der Welt.

Er fiel mir um den Hals.

Solche Augenblicke hab ich doch noch. Aber kann das eine Welt ersetzen?

Unversehens ist es Sommer.

Morgens bricht Hölderlin von Homburg auf, erreicht, drei kleine Stunden weit, den Adlerflychtschen Hof.

– Heut ist der Tag, wo du kömmst. Es freut mich so, daß der Himmel klar ist. – Sagt sie.

– Unsere ungestörten Stunden, wo wir und wir nur umeinander waren. Man könnte wohl die Welt durchwandern und fände es schwerlich wieder so. Täglich fühl ich das ernster. – Sagt er.

– Sei nur heiter, bestes Herz, und traue den Menschen doch etwas mehr wie du tust, sie sind wohl manchmal besser, wie wir meinen. O zweifle nie an meiner Liebe. –

– Wenn ich an große Männer denke in großen Zeiten, wie sie, ein heilig Feuer, um sich griffen und alles Tote, Hölzerne, das Stroh der Welt in Flammen verwandelten, und dann an mich … –

– Lieber, nein. Dich selbst darfst du aufs Spiel nicht setzen. Deine Kräfte hielten es nicht aus, du gingest für die Welt und Nachwelt noch ganz verloren. Bleibe lieber, wie du bist und helfe dich durch, als daß du es wagst, einmal vom Schicksal überwältigt zu werden. Leb wohl, mein liebes Herz. –

Sein Besuch ist kein Geheimnis geblieben. Sie haben nur Minuten für sich. Können sie sich künftig noch sehn? Werden nicht tausend Hirngespinste quälen und Unruhe?

Welch eine schwere Kunst ist die Liebe.

Nur einen Sommer gönnt, ihr Gewaltigen!
und einen Herbst zu reifem Gesange mir,
daß williger mein Herz, vom süßen
Spiele gesättiget, dann mir sterbe …

Das Gedichtchen, teuerste Mutter, hätte Sie nicht beunruhigen sollen. Es sollte nichts weiter heißen, als wie sehr ich wünsche, einmal eine ruhige Zeit zu haben, um das zu erfüllen, wozu mich die Natur bestimmt.

Überhaupt muß ich Sie bitten, nicht alles für strengen Ernst zu nehmen. Der Dichter muß, wenn er seine kleine Welt darstellen will, die Schöpfung nachahmen, wo nicht jedes einzelne vollkommen ist und wo Gott regnen läßt, auf Gute und Böse und Gerechte und Ungerechte; er muß oft etwas Unwahres und Widersprechendes sagen, das sich aber natürlich im Ganzen, worin es als etwas Vergängliches gesagt ist, in Wahrheit und Harmonie auflösen muß. So wie der Regenbogen nur schön ist nach dem Gewitter, so tritt auch im Gedichte das Wahre und Harmonische aus dem Falschen und aus dem Irrtum und Leiden nur desto schöner und erfreulicher hervor.

Wegen meiner Gesundheit können Sie sich nun völlig beruhigen.

Von Homburg aus schickt Hölderlin Briefe nach allen Himmelsrichtungen, seine Zeitschrift zu befördern. Steinkopf, der Verleger, dringt auf große Namen, Herder, Goethe, Humboldt, von solchen hängt ein großer Teil des Erfolges ab, daß das Unternehmen in Rücksicht auf Absatz gelinge, und daß er sich keine Mühe verdrießen lasse, alle Zeit und Kraft darauf zu verwenden.

Hölderlin reist für Tage nach Mainz.

Jung, dort Bürochef der französischen Verwaltung, nimmt ihn herzlich auf, führt ihn herum. Er ist dabei, seine Übersetzung des Ossian, nach einer ganz neuen Idee verdeutscht, zu beenden, verspricht sie Hölderlin für sein Blatt, erkennt ihn als kompetenten Richter an.

Emerich ist da, Sekretär des Municipials, jung, von Energie, heftig, läßt eben seine Festrede auf den

14. Juli drucken. Vergessen habt ihr, Könige, der schnellen Blitze, womit die Freiheit jüngst noch schlug ... Zehn Jahre seit dem Sturm auf die Bastille.
Er bringt Hölderlin seine Gedichte; redliche Waffenträger, sagt der, nennt ihn Bruder, sagt, du mußt mit der Poesie rechten Ernst machen.
Ich sehe immer mehr, wie wir zwischen den beiden Extremen, der Regellosigkeit – und der blinden Unterwerfung unter alte Formen und der damit verbundenen Gezwungenheit schwanken. Aber es ist eben keine andre Wahl; sowie wir irgendeinen Stoff behandeln, der nur ein wenig modern ist, so müssen wir, nach meiner Überzeugung, die alten klassischen Formen verlassen. Dies ist auch die höchste Poesie, in der auch das Unpoetische, weil es zu rechter Zeit und am rechten Orte im Ganzen des Kunstwerks gesagt ist, poetisch wird.
Er entwirft eine neue Poetik. Auf dem Tisch häufen sich die Blätter. Die Verfahrungsweise des poetischen Geistes. Über den Unterschied der Dichtarten. Arbeitet auch an Versen, wieder und wieder am Empedokles.
Sieht sich gelesen, verstanden: daß er ein Gedicht von größerem Umfange mit sich umherträgt; Dichteranlagen, die ein schönes Gelingen hoffen lassen, das schreibt August Wilhelm Schlegel.
Lebt Tage mit sich allein. Ist in Umgang mit Sinclair, den er den wilden Freund nennt, sagt:
Wir müssen fest und treu und unerbittlich in dem sein, was wir für wahr und gut erkennen.
Aber einzig und allein von Stahl und Eisen, stehet uns nicht an, besonders bedanken sich die Poeten dafür.

Seine Freude ist nun das schöne Wetter, die heitre Sonne und die grüne Erde.
Nur er vermag, so sie zu sehn.
Und wenn ich einmal ein Knabe mit grauen Haaren bin, so soll der Frühling und der Morgen und das Abendlicht mich Tag für Tag ein wenig noch verjüngen, bis ich das Letzte fühle und mich ins Freie setze und von da aus weggehe – zur ewigen Jugend!
Weiß er, was er da spricht?
Hölderlin.
Das Haar sansculottisch geschnitten, wie Herr von Goethe das nennt. Republikaner im Geist und in der Wahrheit, sagt Böhlendorff. Spiegel alles Schönen, wie ihn Susette anruft. Nur wenig Worte lassen sich machen von dem Einen ...
Hölderlin.
Zu Homburg vor der Höhe. Die rauhe Luft, die er beklagt. Das Zimmer mit den Karten der vier Weltteile dekoriert.
Neunundzwanzig Jahre alt.
Die Freunde bald zerstreut.
Muhrbeck, der noch aus Jena schreibt, der wird den Winter dort bleiben, hört Schelling und Schlegel, geht nach Greifswald, hinterläßt keine Schriften.
Siegfried Schmid, dieser Halbwilde, Excentrische – taumelt! taumelt, ihr Brüder, nur durch das Leben im Rausch hin – schreibt ein Stück Heroine, Abbild des sogenannten gewöhnlichen Lebens, den Roman in Briefen Lothar, geht als Kadett ins Heer der Österreicher, begierig, das Erhebende des Kriegs mitzumachen im Taumel, endet als Rittmeister in Wien, trifft ihn noch

Schattenriß von Siegfried Schmid (1774 bis 1859)

einmal im letzten Homburger Jahr; wer weiß, was sie reden. Emerich schreibt ihm den Brief zum Hyperion. Böhlendorff sagt: Schrecklich, daß diese Verstimmung des Innern so ganz Krankheit unserer Zeit ist. Daß ich nur wenige kenne, die frei davon blieben.

Bleibt bis zuletzt Sinclair, der junge Mann, der in Deutschland eine Revolution stiften wollte. Sinclair, der seine Gedichte unter dem Namen Crisalin ausgibt; Glauben und Poesie, den Versuch einer Ästhetik. Das Drama vom Cevennenkrieg, welches sogar in Weimar gespielt wird. Wahrheit und Gewißheit, ein philosophischer Traktat. Sinclair, der treueste Freund, der ihn später als Bibliothekar nach Homburg holt; als Denker ganz Fichtens Produkt, mit Napoleon gen England will, als Hauptmann im Stab der Österreicher auf dem Wiener Kongreß auftaucht, die Majorsepauletten erhält, bis ihn, bei der Neuequipierung, unvermittelt der Schlag trifft, das muß noch erzählt sein. Hölderlin nennt ihn Achill, sieht in ihm Alabanda, sagt, daß ich so untertan ihm bin, und mit Gesang folgt ich, selbst bis ins Ende der Tapferen, ihm hinunter. Jetzt, wann die Opfer fallen, ihr Freunde! Jetzt, und es hallt in der Luft, und die Erde rühmt es ...

Erde, ist sie es, die ihm bleibt?

Was dämmert um mich, Erde! dein freundlich Grün?
Was weckt ihr mir die Seele? was regt ihr mir
Vergangnes auf, ihr Guten! o schonet mein
Und laßt sie ruhn, die Asche meiner
Freuden ...

Es ist Herbst.

– Das Projekt mit dem Journale scheint mir scheitern

zu wollen. Ich hatte für meine Wirksamkeit und mein Auskommen und meinen Aufenthalt in deiner Nähe mit so viel Hoffnung darauf gerechnet. Auch Freunde ließen mich bis jetzt ohne Antwort. Schämen sich denn die Menschen meiner so ganz? –

Er schreibt es an Susette. Sie will des Abends ans Fenster kommen, sagt:

– Wenn ich nur in deine jetzigen Ideen besser eindringen könnte. Wer weiß, wie es noch kommen kann, die Wege des Schicksals sind ja dunkel. –

Ich habe fast zwei Monate unter Zubereitungen zu dem Journale verloren, sagt Hölderlin. Hab denn im Sinn, alle Zeit, die mir noch bleibt, auf mein Trauerspiel zu wenden. Schrieb auch an Schiller, aber der lehnte ab: auch in Rücksicht auf das Lukrative, die wir Poeten oft nicht umgehen können, ist der Weg periodischer Zeitschriften nur scheinbar vorteilhaft, bei einem unbedeutenden Verleger vollends nicht zu wagen. Leben Sie wohl.

Es ist fast nicht möglich, in einem Schicksal, wie das meinige ist, den nötigen Mut zu behalten, sagt Hölderlin.

Ich fürchte, das warme Leben in mir zu erkälten an der eiskalten Geschichte des Tags, und diese Furcht kommt daher, weil ich alles, was von Jugend auf Zerstörendes mich traf, empfindlicher als andre aufnahm, und diese Empfindlichkeit scheint darin ihren Grund zu haben, daß ich im Verhältnis mit den Erfahrungen, die ich machen mußte, nicht fest und unzerstörbar genug organisiert war.

Das sehe ich. Kann es mir helfen, daß ich es sehe?

Einst hab ich die Muse gefragt, und sie
antwortete mir:
Am Ende wirst du es finden.
Kein Sterblicher kann es fassen.
Vom Höchsten will ich schweigen.
Verbotene Frucht, wie der Lorbeer, aber ist
am meisten das Vaterland. Die aber kost
ein jeder zuletzt.

Die Wege um Homburg am Taunus sehen ihn noch. Offen die Fenster des Himmels. Wenn über dem Weinberg es flammt, und schwarz wie Kohlen aussiehet um die Zeit des Herbstes, weil die Röhren des Lebens feuriger atmen.

Die schlimme Witterung auf den Winter hin. Ich habe oft so einen langsamen Kopf. Brauche viel Zeit und muß sie ängstlich sparen. Daß es fast unmöglich ist, bloß von der Schriftstellerei zu leben, wenn man nicht gar zu dienstbar hierin sein und sein Auskommen auf Kosten der Reputation finden will.

Sollte auch mein Inneres nie recht zu einer klaren und ausführlichen Sprache kommen, so weiß ich, was ich gewollt habe – und daß ich mehr gewollt habe, als der Anschein meiner geringen Versuche vermuten läßt.

Die Sache der ich lebe. Daß sie heilsam für die Menschen ist.

Daß also in keinem Falle mein Dasein ohne eine Spur auf Erden bleiben wird.

Er redet viel mit sich selbst, weil er auf sich nur gestellt ist. Fürchtet, daß der böse krampfhafte Zustand, der ihn seit diesem Jahre befällt, bleibend werden möchte, sucht den Arzt wieder auf, welcher, immer heiter und

treuherzig, der rechte Mann für alle Hypochonder sei.
Schreibt Briefe. Auch noch an Neuffer, der seinem poetischen Geist nicht mehr folgen kann. Neuffer, der daheim in Schwaben, als Jakobiner verdächtigt, das ihm zugedachte Hofpredigeramt in Stuttgart nicht erhält, Jahre als Bauernpfarrer in Weilheim unter Teck lebt, nicht mehr antwortet, um den Freund sich nicht sorgt.
Weil der Geist der Republikaner sich ganz jetzt versteckt? Weil die Freunde sich nun verfolgt sehn, wie Baz, den der Kurfürst bald in Verhaft nimmt? Sinclair, den man beargwöhnt? Soviel ich die allgemeinere Stimmung und Meinung der Menschen, wie sie jetzt sind, bemerken kann, sagt Hölderlin, scheint mir auf die großen gewaltsamen Erschütterungen der Zeit eine Denkungsart folgen zu wollen, die eben nicht gemacht ist, die Kräfte der Menschen zu beleben und zu ermuntern, und die eigentlich damit endet, die lebendige Seele, ohne die doch überall keine Freude und kein rechter Wert in der Welt ist, niederzudrücken und zu lähmen.
Eben erfahre ich, daß das französische Direktorium abgesetzt und Buonaparte eine Art Diktator geworden ist.
Der Doktor Ebel schreibt ihm aus Paris vom Schmutze der dortigen Menschenwelt.
Da ist es Winter.
Bleibt ihm, als Asyl, nur noch Gesang?
Ich begreife nicht, ruft er verstört, wie manche große, reine Formen im Einzelnen und Ganzen so wenig heilen und helfen – vor der allmächtigen, alles beherrschenden Not.

Aber wer hört ihn da noch? Versteht, was er meint? Wie ein mächtiges Schicksal, das gründliche Menschen so herrlich bilden konnte, die schwachen nur mehr zerreißt.
Daß auch die größten ihre Größe nicht allein ihrer eigenen Natur, sondern auch der glücklichen Stelle danken, in der sie tätig und lebendig mit der Zeit sich in Beziehung setzen konnten.
Wohin denn ich?
Er sagt: Not. Und ist diese einmal entschieden und wirksamer als die Wirksamkeit reiner, selbständiger Menschen, dann muß es tragisch und tödlich enden.
Wenn die Berge des Taunus bei Homburg im Winter mit Schnee bedeckt sind und an hellen Tagen die Sonne leuchtet, macht die Schattierung für das Auge einen herrlichen Affekt. Landauer kommt, ihn nach Schwaben heimzuholen. Findet ihn schon verändert. Kaum daß er lebhaft spricht, ist er wieder in düstere Schwermut versunken.
Spricht auch Verse.
Fragt plötzlich: Wie finden Sie denn die neue Generation in der Welt, die Sie umgibt?

Weh mir!
Und sag ich gleich,
ich sei genaht, die Himmlischen zu schauen,
sie selbst, sie werfen mich tief unter die Lebenden,
den falschen Priester, ins Dunkel, daß ich
das warnende Lied den Gelehrigen singe.
Dort

19

Seit Jahren geht er den ganzen Tag in seinem Zimmer auf und ab und murmelt mit sich selbst.
Man sagt, die Nachricht vom griechischen Freiheitskampf regte ihn für einige Zeit auf, und er hörte mit Begeisterung zu, als man ihm erzählte, daß die Griechen Herren der Morea seien. Aber nach der augenblicklichen Anspannung kehrte die vorige Apathie und Verwirrung wieder zurück.
Wie Schwab seinen Hyperion liest, sagt er vor sich hin:
Guck nicht so viel hinein, es ist kannibalisch.
Man überreicht ihm ein Exemplar seiner Gedichte, er dankt, blättert in dem Buch, sagt:
Ja, die Gedichte sind echt, die sind von mir, aber der Titel ist falsch.
Ich habe in meinem Leben niemals Hölderlin geheißen, sondern Scardanelli, oder Salvator Rosa, oder so was.
Als man ihn um ein paar Zeilen bittet, fragt er:
Soll ich über Griechenland, Frühling oder Zeitgeist?
Der sonst immer vorgebeugte Mann stellt sich dann in aufrechter Haltung an sein Schreibpult, nimmt einen Foliobogen, einen Gänsekiel, skandiert mit der linken

Hand jede Zeile, Auge und Stirn glänzen, er öffnet das Fenster, tut einen Blick ins Freie, schreibt:

Wenn bleicher Schnee verschönert die Gefilde,
und hoher Glanz auf weiter Ebne blinkt,
so reizt der Sommer fern, und milde
naht sich der Frühling oft, indes die Stunde sinkt.

Die prächtige Erscheinung ist, die Luft ist feiner,
der Wald ist hell, es geht der Menschen keiner
auf Straßen, die zu sehr entlegen sind,
die Stille machet
Erhabenheit, wie dennoch alles lachet.

Dieser Text folgt den Quellen und Dokumenten zu Leben und Werk Friedrich Hölderlins, übernimmt, bedenklich, manches aus den Aufzeichnungen Wilhelm Waiblingers von 1831.
Der Autor hofft, daß seine Sicht längst vergangene Ereignisse in ein Licht rückt, in dem bestimmte Motivationen schärfer hervortreten – Anlaß zu immer erneuter, unmittelbarer Begegnung mit diesem Dichter.

G. W.

Chronologie

1770 Friedrich Hölderlin in Lauffen am Neckar geboren.

1788–1793 Besuch des Stifts zu Tübingen, mit Neuffer, Hegel, Schelling. Begeisterung für die französische Revolution *(Tübinger Hymnen)*.

1795 In Jena Begegnung mit Schiller, Goethe, Fichte.

1796–1798 Hofmeister in Frankfurt/M. Liebe zu Susette Gontard. 1. Koalitionskrieg gegen Frankreich *(Hyperion)*.

1798 Mit Sinclair zum Kongreß in Rastatt, Bekanntschaft der süddeutschen Revolutionsfreunde.

1799 1. Aufenthalt in Homburg. Im März Dekret General Jourdans gegen revolutionäre Bestrebungen. Im November Staatsstreich Bonapartes *(Empedokles, ästhetische Aufsätze, Homburger Kurzoden, Plan einer Zeitschrift Iduna)*.

1800 Bei Landauer in Stuttgart *(Oden und Elegien, Brot und Wein)*.

1801 Hauslehrer in Hauptwyl (Schweiz). Frieden von Lunéville. Im Dezember Aufbruch nach Frankreich *(Gedichte Der Rhein u. a.)*.

1802 Hauslehrer in Bordeaux. Im Juni Rückkehr in die Heimat. Tod Susette Gontards. Im September mit Sinclair zur Reichshauptdeputation nach Regensburg *(Gedichte Patmos, Friedensfeier, Sophokles-Übertragungen)*.

1803 In Nürtingen *(›Nachtgesänge‹, Gedichte Andenken, Mnemosyne)*.

1804 Bibliothekar des Landgrafen zu Hessen-Homburg. Im Mai Napoleon Kaiser von Frankreich *(Hymnische Entwürfe, Pindar-Übertragung)*.

1805 Verhaftung Sinclairs zu Homburg, Hochverratsprozeß zu Württemberg.

1806 Im September wird Hölderlin in die Authenrietsche Klinik nach Tübingen abgeführt. Er lebt seit 1807 im Hause des Tischlermeisters Zimmer am Neckar, wo ihn Wilhelm Waiblinger 1822–1826 besucht.

1843 stirbt Hölderlin.